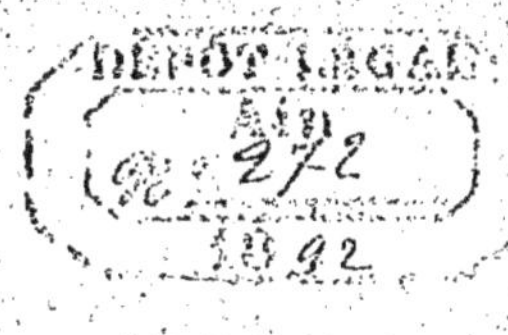

DEUX

CENTENAIRES

A

L'ÉCOLE LIBRE

NOTRE-DAME DE MONGRÉ

A. M. D. G
ad majorem dei gloriam

TRÉVOUX
IMPRIMERIE JULES JEANNIN

1892

DEUX

CENTENAIRES

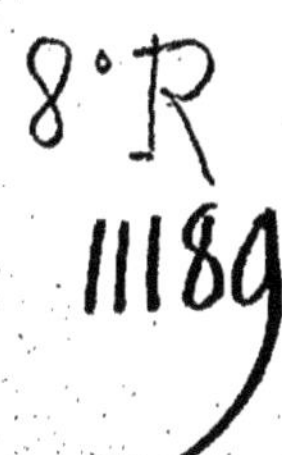

DEUX

CENTENAIRES

A

L'ÉCOLE LIBRE

NOTRE-DAME-DE-MONGRÉ

———

A. M. D. G.

———

TRÉVOUX
IMPRIMERIE JULES JEANNIN
—
1890-1891

AUX ÉLÈVES

DE

NOTRE-DAME DE MONGRÉ

———◆———

« *Allons à Paray* » *disait la France chré-tienne, en 1890, à l'époque du Centenaire de la Bienheureuse Marguerite-Marie.*

« *Allons à Rome* » *se répétait, d'une frontière à l'autre, la jeunesse catholique de tous les pays, en cette année 1891, où nous fêtions le Centenaire de Saint Louis de Gonzague.*

Nous vous avons menés à Paray, l'an dernier, chers enfants, au sanctuaire où Margue-rite-Marie reçut, il y a deux siècles, les confi-dences du Sacré-Cœur, et ce pèlerinage fut pour vous comme un avant-goût du ciel.

Il n'était pas en notre pouvoir de vous mener tous à Rome. Quelques-uns d'entre vous s'y sont rendus avec leur famille. Tous les autres ont voulu que du moins leur nom les représentât au tombeau de Saint Louis de Gonzague ; ils se sont unis de cœur à la grande manifestation

*de la jeunesse catholique, dans la ville éter-
nelle.*

*Mais si nous n'avons pu faire tous ensemble
le pèlerinage réel de Rome, du moins nous
n'avons rien négligé pour que la solennité du
Centenaire, au collège, fût dans son humble
sphère, en harmonie avec ce qui se préparait
au tombeau de votre bien aimé patron.*

*Sur vos fêtes, un pontife vénéré a répandu
avec une bienveillante prodigalité tout l'éclat
de la pourpre romaine. Un prélat romain leur
a prêté le merveilleux prestige de son éloquence. Vous avez été profondément remués
par les accents de cette voix habituée à faire
tressaillir les grandes chaires de Rome, comme
celles de nos vieilles basiliques françaises.*

*Un témoin ravi de ces solennités a voulu en
fixer le souvenir dans quelques pages : nous
vous les offrons. Puissent-elles vous aider à
mieux faire, et souvent, le pèlerinage spirituel
de Rome, en ravivant vos sentiments pour
Saint Louis de Gonzague, et vos résolutions
des grands jours du Centenaire.*

*Ce récit est précédé par une relation de votre
pèlerinage à Paray, due au souvenir d'un de
vos compagnons de route.*

Ainsi, en allant en esprit à Rome, vous pour-

rez repasser, en esprit, par le sanctuaire du Sacré-Cœur.

Dans ce Cœur divin, l'ami et le modèle de vos cœurs, vous verrez la source où Saint Louis de Gonzague a puisé toute sa sainteté.

Au dire de Dieu lui-même, se faisant, auprès d'une sainte, le panégyriste de Louis, si votre patron a été élevé à une telle gloire, c'est parce que sa vie a été toute d'amour pour le Sacré Cœur de Jésus.

J. ✝H. S.

LE
COLLÈGE DE MONGRÉ

A

PARAY-LE-MONIAL

21 Juin 1890.

———

La dévotion au Sacré-Cœur doit être le salut du monde.
(Paroles de Pie IX).

———

SOUVENIRS D'UN PÉLERIN

A. M. D. G.

MONGRÉ

A PARAY-LE-MONIAL

21 Juin 1890.

« *La dévotion au Sacré-Cœur doit être le Salut du Monde* », a dit solennellement le pape Pie IX. Il ajoutait, et tous nos évêques l'ont répété après lui : « *L'Église et la Sociéte n'ont d'espérance que dans le Sacré-Cœur.* »

Rien donc de plus important pour ceux qui forment des enfants à devenir des hommes capables de travailler à la restauration religieuse et sociale, que d'éveiller dans leurs jeunes âmes la dévotion au Sacré-Cœur de Jésus.

C'est animé de cette pensée que le R. P. Recteur de N.-D. de Mongré voulut, en ce deuxième Centenaire de la mort de la B. Marguerite-Marie, conduire tout son collège à Paray-le-Monial. Déjà, le 1er juillet 1874, Mongré avait eu ce bonheur. Le souvenir en est vivant encore.

Monseigneur Luçon, évêque de Belley, était à Mongré le 6 juin pour y donner le sacrement de Confirmation aux élèves et y conférer le Sacerdoce à un Père du collège. Il voulut bien se charger d'annoncer lui-même l'heureuse nouvelle de ce pélerinage.

Je laisse à penser quel enthousiasme l'accueillit. Aussi Monseigneur Luçon, compatriote de Stofflet, comme lui Vendéen, crut-il se retrouver un instant sur cette terre des enthousiasmes chrétiens, car il ajouta : « Dieu soit loué, il y a encore des cœurs vendéens ailleurs qu'en Vendée » !

L'élan ne fit que croître, et les applaudissements furent lents à se calmer.

Aussi, avec quel cœur, dès le lendemain, tous se mirent à préparer les plus beaux chants de la Vendée à l'honneur du Sacré-Cœur.

Saint Louis de Gonzague peut être appelé à juste titre Apôtre du Sacré-Cœur ; la fête de ce patron de la jeunesse convenait donc admirablement pour le pèlerinage.

Le 21 juin, dès 3 heures du matin, la cloche sonnait gaiement le *Benedicamus Domino*.

Une heure après, tandis que l'aurore empourprait à peine l'horizon, un train spécial nous emportait vers le pays du Sacré-Cœur.

Entrecoupé de prières, de cantiques et d'amicales causeries, le voyage parut court.

A Cluny, nous pûmes contempler de loin les restes désolés de la célèbre abbaye bénédictine. L'abbé de Cluny eut sous sa dépendance, en Occident et en Orient, près de 2000 maisons ; l'ancien monastère de Paray-le-Monial était sous sa juridiction. De l'immense église abbatiale de Cluny, dont le plan — dit une pieuse légende — fut apporté du ciel au moine Gunzon, pour être exécuté par saint Hugues, il ne reste plus qu'un clocher ; mais nous aurons aujourd'hui même la bonne fortune d'admirer une monumentale image de ce vaste édifice, puisque la basilique de Paray est une reproduction, bien que réduite, de l'église de Cluny.

Le Charollais, avec ses collines boisées, ses riants pâturages, ses moissons déjà jaunissantes, fuit sous nos yeux.

Voici Vérosvres, hameau natal de la Bienheureuse Marguerite-Marie ; nous le saluons
d'un cantique.

Enfin Paray approche ; les enfants de chœur
revêtent leur soutane rouge et leur surplis, les
congréganistes prennent leur médaille, tous
veulent que le scapulaire du Sacré-Cœur, fixé
sur leur poitrine dès le départ, soit en parfaite
évidence.

On descend de wagon, il est près de huit
heures.

Comme par enchantement la procession se
trouve formée : en tête s'avance la croix de la
Basilique, qui est venue en quelque sorte au
nom du Sacré-Cœur nous recevoir à la gare
puis se déroulent deux longues files d'élèves.

Chaque division porte au milieu de ses rangs
la bannière de sa congrégation ; elle a réuni
ses meilleures voix autour de cette pieuse
image ; le groupe ainsi formé entonne les couplets des mystères joyeux et récite le chapelet,
tandis que le reste de la division répond.
Quatre chapelets distincts se disent ainsi, mêlés
de chants, de distance en distance.

La riche bannière du Collège, aux couleurs

de la Sainte Vierge, par son inscription :
« Collegium Mongrense », annonce qui nous
sommes et précède les enfants de chœur et les
professeurs en surplis.

Pour saluer cet étendard, en s'engageant
dans les rues de la ville, on chante :

> De nos ennemis menaçants
> Entendez-vous les cris de guerre ?
> Chrétiens, levons notre bannière,
> Et près d'elle serrons nos rangs !
>
> Si nos cœurs viennent à faiblir,
> Nous regarderons l'oriflamme :
> Sa vue embrasera notre âme
> Du feu qui fait vaincre ou mourir.

Enfin, un précieux et touchant emblème
termine la procession : c'est un cœur en ver-
meil porté triomphalement sur un coussin de
velours rouge. Il contient les noms des maîtres
et des enfants de Mongré, écrits de leur main.
Ce cœur étincelant symbolise le Cœur embrasé
de Jésus. C'est en lui que Mongré vient se
placer, pour n'être plus qu'un avec ce Cœur
divin.

Toute notre famille était animée de cette
grande pensée au moment où, sur le seuil de
la Visitation, elle entonnait avec ardeur ce
chant d'union :

A toi seul mon amour,
Cœur de mon divin Maître,
C'en est fait, tout mon être
T'appartient sans retour !

Peu à peu la chapelle de la Visitation se remplit. Nous voilà donc dans ce lieu sacré où Jésus a révélé les mystères de son Cœur ; où il s'est déclaré prêt à ouvrir les trésors inépuisables de grâces dont ce Cœur est la source ! Voici le sanctuaire où en un seul mois, plus de 200,000 pélerins sont venus chanter naguère : *Sauvez Rome et la France au nom du Sacré-Cœur;* où tous les grands catholiques de notre pays ont voué au Cœur de Jésus leur vie militante ; où les orateurs ont consacré leur parole, les publicistes leur plume, les zouaves pontificaux leur épée !

En pénétrant dans cette auguste enceinte, nous ressentons une impression profonde de respect, de recueillement, de vénération.

L'autel resplendit de marbre, de dorures et de lumières.

Près de ce tabernacle eurent lieu les principales apparitions de Notre-Seigneur. Au rétable, une peinture déjà ancienne représente Jésus disant à la Bienheureuse Marguerite-Marie :

« *Voilà ce cœur qui a tant aimé les hommes* » ! —
Mais hélas ! que peut un pinceau humain pour
reproduire une scène divine !

A gauche de l'autel est la grille du chœur
des religieuses. C'est là que la Bienheureuse
entendit le Sacré-Cœur si souvent. Aujour-
d'hui d'autres filles de Saint François de Sales
prient derrière cette même grille, et plusieurs
de nous ont l'ineffable consolation de compter
parmi elles des membres de leur famille. Ce
sont elles qui, en 1870, brodèrent le glorieux
fanion que le plus noble sang français devait
arroser à Loigny. Le salut de la France sera
proche lorsqu'on recourra aux mêmes mains
pour fixer sur tous ses drapeaux l'image du
Sacré Cœur de Jésus ! Notre-Seigneur en a
fait la promesse formelle, et elle est présente à
notre esprit lorsque nous chantons :

> Signe sacré, drapeau qu'on veut abattre,
> Cœur de Jésus, nous sommes tes soldats,
> Nous sommes prêts à souffrir, à combattre,
> Nous lutterons pour toi jusqu'au trépas.

La châsse de la Bienheureuse, chef-d'œuvre
d'Armand Caillat, repose devant la grille.

Il faudrait un volume pour énumérer en détail les richesses du sanctuaire où nous assistons au saint sacrifice ! Nous ne le tenterons pas. Mentionnons seulement les lustres brillants d'or, tout émaillés de pierreries, les lampes toujours ardentes, les cœurs de métal précieux disposés en nombreux festons le long de la grille et des arceaux, les bannières enfin qui tapissent les murailles. Voici celles de l'Alsace et de la Lorraine voilées d'un crêpe noir ; celle d'Orléans avec sa superbe Jeanne d'Arc en broderie ; celle de l'Assemblée nationale offerte en 1873 par 160 députés ; mais elles sont toutes remarquables, et leur nombre est bien fait pour émouvoir un cœur dévoué au règne du Sacré-Cœur.

L'art et la richesse se sont épuisés à embellir ce musée divin ; néanmoins sa valeur artistique n'est rien auprès de sa sublime signification. Chacune de ces bannières, ces lustres en feu, ces cœurs d'or, n'est-ce pas la voix de tout un peuple criant au Sacré-Cœur : Je me donne à Vous !

Et toutes ces voix réunies ne forment-elles pas un admirable concert, suave aux oreilles catholiques, délicieux surtout aux cœurs français ?

La vraie France, celle de Saint Louis, de Jeanne d'Arc, est là tout entière. Elle vit donc encore ; pas une province, pas une ville qui n'ait son étendard dans le sanctuaire de Paray. Hélas ! quand la France officielle y viendra-t-elle aussi ? Tous ensemble, nous supplions le divin Cœur de hâter cette heure. Ce sera l'heure du salut. Plus d'obstacle alors à l'accomplissement de la promesse du 21 juin 1819 : « La France est toujours chère à mon divin Cœur et elle lui sera consacrée ; alors toute la terre se ressentira des bénédictions que je répandrai sur elle. La foi et la religion refleuriront en France par la dévotion à mon divin Cœur. » *(Mgr de Ségur, dans l'opuscule : la France aux pieds du Sacré-Cœur).*

Cependant le saint sacrifice suit son cours ; Jésus est descendu sur l'autel. Avant de distribuer à ses chers enfants le Corps du Seigneur, le R. Père Recteur, s'inspirant de tous les grands souvenirs que rappelle cette chapelle de la Visitation, leur dit que cette terre bénie de Paray est une terre sainte. Jésus y a passé, l'a foulée de ses pieds divins. Il voudrait que ses chers enfants de Mongré fussent au milieu des foules qui, chaque jour, la visitent, ce que fut l'humble infirme qui, en Palestine, l'émut par sa foi ; qu'ils sachent, eux aussi, faire sortir de son Cœur une vertu qui les rende soldats de l'Église et vrais Français. Si leurs corps sont valides et n'appellent pas cette vertu divine, si leurs âmes restent saines, est-ce tout ? Leurs cœurs ont-ils assez cette sève, cette vie divine qui les fera grands ? Aiment-ils Jésus-Christ ? Aiment-ils ce que J.-C. veut qu'ils aiment ?... « Aimez-vous le Pape, a demandé le Père, souffrez-vous, gémissez-vous de le voir dépouillé, prisonnier ? Sentez-vous le besoin de briser ses chaînes, de vous dépouiller pour lui, de mourir, comme ces Zouaves du Sacré-Cœur venus naguère ici ? Aimez-vous les âmes ? Le besoin de les sauver vous fait-il rêver séparation, exil, martyre ? Si vous ne sentez pas ces saintes ardeurs, c'est le moment de fendre la foule, de toucher le Sacré-Cœur par l'humilité, les désirs ardents, l'union de vos âmes entre elles, d'en faire sortir cette vertu qui vous les obtiendra... Jésus se retournera, enfants de son Sacré Cœur, il vous bénira.... Vous serez armés, vous saurez combattre et mourir ».

Comment décrire l'émouvant spectacle que
présente alors la communion générale de ces
3oo jeunes gens ? Nulle fatigue n'a pu les
retenir : ni la longueur du chemin, ni la faim,
ni la soif. Tous sont là. L'attendrissement, la
joie, la reconnaissance, l'adoration, enfin tous
les sentiments dont une âme en contact avec
Dieu peut être remplie, se reflètent sur les
visages. Ces enfants ne communient si bien
que parce qu'ils se sont préparés par de nom-
breuses communions à celle d'aujourd'hui.

Une fois de plus nous voyons se réaliser
dans toute sa plénitude la parole de Mgr de
Ségur, empruntée au pieux Cornélius à
Lapide : « La fréquente communion est la
meilleure préparation à la communion ; plus
on communie et mieux on communie. »

Heureux possesseur du Cœur adorable du
divin Maître, chacun lui redit sans doute,
dans l'intime de son âme, les prières et les
résolutions qu'il inscrivait la veille dans une
lettre, maintenant déposée près du tabernacle.

* * *

Pendant la messe d'actions de grâces, le
R. P. Recteur lit d'une voix émue une
consécration au Sacré-Cœur. Il s'inspire de

celle qui, seize ans plus tôt, à pareille heure, en pareil lieu et d'un même cœur, le Collége de Mongré disait déjà à Notre-Seigneur : Puisqu'elle semble devenue par là comme une formule des sentiments de foi et d'amour qui doivent animer, à tous les âges, un enfant de Notre-Dame à Mongré, sa place n'est-elle pas ici ?

.
. .

« O Jésus, en ce moment solennel où nos lèvres sont couvertes de votre Sang divin, où notre cœur possède son souverain trésor, votre Cœur, en ces lieux à jamais sanctifiés par les prodiges de votre amour, à l'ombre des restes vénérés de votre servante, sous le patronage de notre auguste Reine, N. D. de Mongré, de tous nos Anges gardiens, de nos chers protecteurs Louis de Gonzague, Berchmans, Stanislas, aux pieds de votre Tabernacle, nous voici à genoux pour Vous faire hautement et de tout cœur la plus entière donation de nous-mêmes.

« Mais auparavant, c'est pour nous un besoin de renouveler notre profession de foi.

« Nous croyons fermement toutes les vérités que nous enseigne la Sainte Eglise catholique, toujours inspirée par votre Cœur.

« Nous croyons spécialement à la charité, à la miséricorde infinie de ce Cœur sacré.

« Nous croyons que ce Cœur a été l'inspirateur de tout ce que Vous avez fait et souffert pour nous sauver.

«˙ Nous croyons qu'il a été ouvert sur le Calvaire et que cette profonde blessure, en laissant couler du sang et de l'eau, devint la source des sacrements qui nous sanctifient.

« Nous croyons à votre présence réelle dans la sainte Eucharistie, ce chef-d'œuvre de votre bonté divine ; nous l'adorons profondément, nous l'aimerons toujours de notre meilleur amour.

« O Cœur sacré de Jésus, malheur à nous si nous méconnaissions votre excessive tendresse pour les hommes et les immenses bienfaits dont Vous nous avez spécialement comblés ! Malheur si nous n'élevions pas la voix pour Vous en témoigner notre impérissable gratitude !

« Pénétrés d'adoration et d'amour pour les attributs de votre divin Cœur, ô Jésus, et animés de la plus vive reconnaissance pour votre infinie bonté à notre égard, nous Vous supplions d'écouter et de recevoir notre Consécration :

« Investi de votre sacerdoce, malgré mon indignité, je prends la parole au nom de toutes les âmes qui nous accompagnent, je Vous les consacre toutes de la manière la plus formelle. Je vous consacre spécialement le collége de N.-D. de Mongré et tous ceux qui l'habitent. Je vous consacre les Pères et Frères de la Compagnie de Jésus et tous les Maîtres de nos élèves ici présents ; je vous consacre ces Elèves eux-mêmes, leurs cœurs, leurs âmes, leurs corps, leur éducation, leurs succès et leur avenir. Je vous consacre leurs pères et leurs mères et tous les membres de leurs familles. Je Vous consacre tous ceux qui nous aiment, nous soutiennent et s'intéressent à nous.

« Agréez, ô Cœur bien aimé de Jésus, cette consécration que nous Vous faisons sous le haut patronage de la T.-S. Vierge, de votre dévouée servante ici vénérée et de tous vos saints, avec toute la plénitude de notre volonté et dans toute l'étendue de notre dévouement.

« Désormais nous entendons ne plus nous appartenir, nous sommes entièrement à Vous. Ah ! prenez et gardez votre bien.

« Ce cœur d'or que nous venons fixer à

votre autel sera, nous Vous en prions, le
signe de notre attachement à votre tabernacle. Les noms que nous y avons pour jamais
scellés resteront, comme ceux qui les portent,
votre propriété totale et sacrée. Ah ! puis-
sions-nous quelque jour, en combattant pour
votre cause, en défendant votre Eglise et son
auguste Chef, même au prix de notre sang,
Vous remercier de l'incomparable honneur de
Vous appartenir.

« Mais, ô Seigneur Jésus ! sans Vous nous
ne pouvons rien, nous ne saurons que mal
faire ; nous arracherons ce cœur de votre
autel ; nous y effacerons notre nom, écrit
pourtant de notre main, nous ôterons de notre
cœur tout noble amour pour Vous, pour vos
vérités ; nous y mettrons tout ce qui désho-
nore, tout ce qui flétrit. Ah ! faites-nous
mourir ici, si nous devons Vous trahir. Mais
non, votre grâce nous est assurée, votre Cœur
si aimant nous le dit : nous resterons enchaî-
nés à ses lois. Puis Vous.nous réunirez, ô Cœur
sacré, autour de votre trône là-haut, après le
pélerinage de cette vie, comme Vous seul nous
avez réunis aujourd'hui en ce béni sanctuaire,
vrai ciel de notre exil. Ainsi soit-il ».

Il était 10 heures.

Nul ne songea à se plaindre du long jeûne de cette sainte matinée ; toutefois je laisse à deviner si le repas pris sous les arbres, dans le jardin des Pères Jésuites, au faubourg de Retz, ne fut pas au goût de tous. Après de joyeuses agapes, on fit une promenade assez longue pour visiter la belle voûte de platanes de l'avenue de Charolles, l'autel où l'on dit la messe en plein air lorsque les pélerins se comptent par milliers ; la source miraculeuse et la chapelle de Romay, où l'on a obtenu plusieurs fois la résurrection, pour quelques instants, d'enfants morts sans baptême. Nous pûmes aussi parcourir le merveilleux musée eucharistique, dont la première inspiration est due à un cœur tout dévoué au Sacré-Cœur (1). Là nous admirons le beau portrait de Garcia Moreno, le martyr. Là aussi nous prions dans la chapelle domestique des Pères, sur la dalle qui recouvre les restes précieux du vénérable Père de la Colombière.

A midi et demi nous nous rendons à la basilique, pour entendre le panégyrique de St Louis de Gonzague.

(1) Le R. P. Drevon.

Nous saluons la grande image du Sacré-Cœur, qui se dresse si majestueuse au fond de l'abside, en chantant avec plus d'élan que jamais :

> Divin Jésus, ô roi de la victoire,
> Près de ton cœur un bras est toujours fort,
> Guide nos pas, et pour ta gloire
> Nous combattrons jusqu'à la mort !

Ce refrain, sous la vaste nef, est d'un effet grandiose et met au cœur je ne sais quelle sainte ardeur et quel invincible espoir.

La dévotion au Sacré-Cœur enseignée par St Louis de Gonzague, tel est le sujet que la fête de ce jeune Saint et les circonstances imposent au prédicateur. Il y a dans la dévotion au Sacré-Cœur deux éléments : l'un intérieur, qui est la vie même du christianisme et par conséquent aussi ancien que lui, l'autre extérieur qui n'est point aussi complètement nouveau qu'on pourrait le croire. Tous deux sont remarquables en St Louis de Gonzague, à tel point que lorsque les révélations de Paray fixent la forme définitive de la dévotion au Sacré-Cœur, les premières grandes manifestations du culte nouveau se relient invinciblement au culte du saint Patron que nous fêtons aujourd'hui. Il est donc le saint du Sacré-Cœur et, comme tel, l'appui providentiel qui nous aidera à tirer tous les fruits de notre pélerinage. Voilà le thème développé par le panégyriste et pieusement écouté par les Elèves, malgré l'accablante fatigue d'un voyage si matinal, fatigue qui pèse davantage sur eux à cette heure pénible de midi.

Le sermon achevé, nous nous rendîmes en procession à la Chapelle des apparitions. Ne convenait-il pas de recevoir la bénédiction du St-Sacrement dans le Sanctuaire même où Jésus-Hostie montra son Cœur rayonnant de charité pour les hommes.

Rien de plus solennel, ni de plus touchant que la consécration par acclamations, qui fut alors prononcée alternativement par le R. P. Recteur et par les Elèves. Nous la reproduisons telle qu'elle se trouve dans notre livret de pélerinage.

Acte de Consécration au Sacré-Cœur de Jésus.

Cœur sacré de Jésus, humblement prosternés devant vous, nous venons vous renouveler notre

Consécration, avec la résolution de réparer les outrages des hommes par un accroissement de fidélité et d'amour envers vous.

Oui, nous le jurons, plus on blasphèmera vos mystères, plus nous les croirons.

Les élèves chantent. — Oui, nous le jurons, ô Cœur sacré de Jésus, oui, nous le jurons, oui, nous le jurons !

Plus l'impiété s'efforcera de nous enlever nos immortelles espérances, plus nous espèrerons en vous.

Les élèves. — Oui..., ô cœur, seul espoir des mortels ! Oui...

Plus les cœurs ingrats résisteront à vos divins attraits, plus nous vous aimerons.

Les élèves. — Oui..., ô Cœur sacré, infiniment aimable de Jésus ! Oui...

Plus on attaquera votre Divinité, plus nous l'adorerons.

Les élèves. — Oui..., ô Cœur divin de Jésus !

Plus vos saintes lois seront oubliées et transgressées, plus nous les observerons.

Les élèves. — Oui... ô Cœur très saint de Jésus !

Plus vos sacrements seront méprisés et abandonnés, plus nous les recevrons avec amour et respect.

Les élèves. — Oui... ô Cœur si généreux de Jésus !

Plus vos adorables vertus seront méconnues, plus nous nous efforcerons de les pratiquer.

Les élèves. — Oui... ô Cœur modèle de toutes les vertus !

Plus l'enfer travaillera à la perte des âmes, plus nous nous enflammerons du désir de les sauver.

Les élèves. — Oui... ô Cœur de Jésus, zélateur des âmes !

Plus le sensualisme et l'orgueil tendront à détruire l'abnégation et l'amour du devoir, plus nous nous attacherons au renoncement et à l'esprit de sacrifice.

Les élèves. — Oui... ô Cœur de Jésus, abreuvé d'opprobres !

O Cœur de Jésus ! Cœur de notre Dieu ! donnez-nous une grâce si grande et si efficace que nous puissions être vos disciples et vos apôtres au milieu du monde, et que vous soyez notre récompense dans la bienheureuse éternité.

Les élèves. — Ayez pitié de nous ! ô Cœur miséricordieux de Jésus ! Ayez pitié de nous !

Après la bénédiction eût lieu la vénération des reliques de la bienheureuse Marguerite-Marie. Volontiers nous serions restés long-temps encore dans ces lieux bénis ; mais il fallait partir. Ici-bas on ne goûte les joies, même les plus pures, qu'en passant. Seul le ciel, en terminant notre pélerinage terrestre, nous introduira dans le bonheur sans fin. Il fallut donc passer, il fallut dire adieu ! Du moins, nous emportions Paray dans nos mémoires et dans nos cœurs ; le temps ne l'en arrachera pas.

* *

Après un rapide goûter au faubourg de Retz, retour à la gare ; il était 3 heures 1/4. Le soleil et la chaleur surent rendre notre pélerinage complet ; car un pélerinage n'est pas complet si l'on n'y souffre quelque chose.

Le temps, du reste, pieusement occupé comme le matin, ne parut point long. Et puis que de choses à se dire, que d'impressions à se communiquer !

A Mâcon, nous eûmes un arrêt suffisant pour visiter la ville, avec ses larges quais sur la Saône, sa statue de Lamartine et sa superbe église de St-Pierre. Les pélerins se firent honneur de garder au travers des rues leur décoration du Sacré-Cœur, et tout dans leur attitude semblait dire : Jamais, jamais nous ne rougirons de notre dévotion au Cœur de Jésus ! — Les habitants regardaient avec respect. Pour moi, j'entendis seulement une femme du peuple crier : « Regarde donc : ils ont tous des cœurs de feu ! » Le mot de cette femme était plus vrai qu'elle ne pensait. Sous ces images, dans ces poitrines de jeunes gens,

les cœurs étaient bien ce jour-là tout de feu.
Ils aimaient N.-S. — De Mâcon à Villefranche,
on acheva la récitation et le chant des mystères
glorieux du rosaire. A neuf heures, nous son-
nions à la grille du parc. Quelle belle journée.
se disait-on ! faut-il qu'elle soit déjà finie !

Pourtant cette journée n'était point finie.
Les Pères nous ménageaient la surprise d'une
superbe illumination. Depuis l'entrée du parc,
par l'avenue des platanes et des vieux marron-
niers, jusqu'à la grotte de Lourdes, deux longues lignes de lanternes vénitiennes marquaient
aux pélerins le chemin qu'ils avaient à suivre
pour aller à leur retour saluer et remercier
Notre-Dame. Les émotions du plus beau moment du jour se réveillèrent.

L'admiration fut à son comble lorsqu'on
pénétra dans le bois et sous les sombres voûtes
des charmilles ; l'obscurité donnait aux lumières un rayonnement magique et au bois
les proportions d'une forêt. Par moment des
flammes de Bengale dessinaient la silhouette
des arbres, ou montraient soudain, comme
une apparition, le groupe de N. S. et de la
B. Marguerite-Marie, placé au milieu du parc.
Un chaleureux Magnificat retentit devant la
grotte.

Revenu dans la grande allée, le cortège
trouve la façade du collège comme embrasée.
Au loin, à travers les portes ouvertes du péris-
tyle et de la chapelle, on voit resplendir l'autel
et l'image du Cœur de Jésus sous l'éclat de
mille lumières. Le coup-d'œil était magnifique. La prière du soir se fit à la chapelle.
Ainsi se termina au pied du tabernacle et de la
statue du Sacré-Cœur, cette journée inoubliable
où Jésus et son amour avaient causé toute
notre joie.

*
* *

A Paray, le temps avait manqué.

Le lendemain, des médailles commémora-
tives du grand pèlerinage et des fragments du
noisetier de l'apparition, que les Sœurs de la
Bienheureuse nous avaient donnés sans compter, furent distribués aux pèlerins.

Ce n'était pas assez, on dut les laisser se
partager, sans pitié pour leurs petites bourses,
tout ce qui leur parlait de la Bienheureuse :
reliquaires, images, couronnes de fleurs de
Vérosvres ou de Paray, croix en bois de
noisetier. Mais les objets qu'ils conserveront
avec la plus respectueuse attention, ce sont
encore les décorations qu'ils ont portées sur
leur poitrine, et les lettres remplies de leurs

promesses, qui sont restées, pendant la messe, sur l'autel des apparitions.

A la proclamation des témoignages mensuels, le R. P. Recteur propose à tous les élèves, comme devoir d'honneur, une narration du pèlerinage de la veille. Les plus beaux récits, reliés en un volume, resteraient ainsi dans les archives de Mongré, comme une attestation éloquente de l'amour des enfants de ce collège pour le Sacré-Cœur.

Mais, nous l'espérons, le mémorial le plus éloquent du pèlerinage de Paray-le-Monial, sera la vie même des pèlerins. Tous resteront fidèles, et leurs œuvres rediront à leur manière ce chant si souvent répété :

Divin Jésus, ô roi de la victoire,
Près de ton cœur un bras est toujours fort ;
Guide nos pas, et pour ta gloire,
Nous combattrons jusqu'à la mort !

J. H. S.

LE

CENTENAIRE

DE

St LOUIS DE GONZAGUE

A NOTRE-DAME DE MONGRÉ

———

1591 — 21 Juin — 1891

———

LETTRE AU LECTEUR ABSENT

A. M. D. G.

LE CENTENAIRE

DE

SAINT LOUIS DE GONZAGUE
A NOTRE-DAME DE MONGRÉ
1591 — 21 Juin — 1891

LETTRE A UN ÉLÈVE ABSENT

Notre cher Mongré est resté tout embaumé par les souvenirs du Centenaire de saint Louis de Gonzague.

Vous étiez absent. C'est un besoin pour nous, presque un devoir, de vous faire partager notre joie.

Tout nous a aidés à rendre superbes ces inoubliables solennités.

Ce cher collège est, vous le savez, un cadre fait à souhait pour rehausser une fête.

Son Eminence le Cardinal de Lyon était là, jetant, selon le beau mot de Monsieur Jacquier, l'éclat de sa pourpre sur la blancheur des lis, qui symbolisaient le héros du Centenaire.

Les parents sont venus nombreux et de bien loin.

. Saint Louis éveillait dans tous les cœurs ces émotions qui font songer au ciel.

La piété de vos amis était touchante.

Un beau soleil n'a cessé d'éclairer toute cette fête.

Le Triduum préparatoire au 21 juin a été simple, mais grand.

Chaque matin, à la Sainte Messe, un pieux entretien du Père spirituel donnait l'esprit du jour.

Le soir, Mgr Rozier nous faisait entendre de magnifiques paroles dans un style et avec une action oratoire qui enlevaient son jeune auditoire.

Mgr Rozier n'est pas un inconnu pour nous. Non-seulement sa brillante réputation d'orateur l'a précédé, mais tous savent qu'il a été professeur à Mongré en 1880, et professeur très aimé. Son souvenir est toujours vivant. Son éloge comme prédicateur n'est plus à faire. Il a, durant ces trois jours, le jeudi, le vendredi et le dimanche, tenu les âmes sous le charme, par l'éclat de sa phrase oratoire et la chaleur de son débit. Il a admirablement réussi à nourrir les cœurs de très solides enseignements sur l'obéissance, le travail et l'abnégation.

Le jeudi soir, Mgr Rozier prit pour texte: *Vir obediens loquetur victorias.*

Au début, dans un tableau émouvant, il nous mit sous les yeux la scène qui se passait il y a trois siècles, à la même heure, dans une pauvre cellule du Collège romain. Un jeune homme pâle, étendu sur une humble couchette, les yeux au ciel, s'éteint d'une mort obscure. Aussitôt, par un soudain retour des choses, cette mort silencieuse devient bruyante. « La gloire pousse sur cette jeune tombe. Il vient de mourir, et Claude Aquaviva, son général, écrit: C'est un saint ; et le cardinal Scipion de Gonzague dit: C'est un saint ; et le cardinal de

la Rovère dit : C'est un saint; et Eléonore d'Autriche, duchesse de Mantoue, dit : C'est un saint;
et le duc Ranugire Farnèse dit : C'est un saint ;
et l'empereur Rodolphe II, et Charles Emma-
nuel, duc de Savoie, et Marie de Médicis, reine
de France, et Philippe III, roi catholique, et
l'infante Marguerite d'Autriche, sa sœur,
disent: C'est un saint. Et l'homme qui fut ce
siècle, l'homme qui, dans l'océan des âges qui
sont derrière nous, à cette longue portée de
3oo ans, nous en apparaît encore comme le
phare, Bellarmin, le grand Bellarmin, quand
vint pour lui son heure, demanda aux supérieurs de la Compagnie de Jésus qu'on déposât
son corps aux pieds de son cher fils, Louis de
Gonzague ; aux pieds, entendez-vous ! le père
aux pieds du fils; l'illustrissime cardinal, dont le
nom emplissait le monde, aux pieds du petit
novice obscur, montrant ainsi que cette place,
il l'ambitionnait aussi pour son âme dans l'éternelle demeure. Etre là-haut, aux pieds de saint
Louis de Gonzague, et c'est assez; et dans cette
humble posture, je serai encore aux sublimités
du ciel. Et sainte Madeleine de Pazzi voyait
Louis dans des gloires; et sa cendre fut thau-
maturge; et, à trois siècles de distance, vous
lui célébrez des fêtes joyeuses. »

Imaginez cela donné avec une souplesse et des élans superbes de voix, avec un jeu de gestes extraordinairement varié et expressif, et vous comprendrez qu'après un pareil exorde, tous, depuis les maîtres jusqu'au plus petit élève de la quatrième division, nous ayons été captivés, éblouis.

Quel est le secret de la gloire qui fleurit ainsi sur le tombeau de ce jeune Saint? Chaque jour du Triduum, saint Louis nous répondra. « La réponse d'aujourd'hui est un petit mot, un seul : Obéir. »

Alors Mgr Rozier expliqua la théorie de l'obéissance, qu'il sut admirablement mettre à notre portée. L'obéissance est la grande loi du monde ; obéir est la consigne universelle. Comment saint Louis s'est-il conformé à cette loi ? « Il a obéi sincèrement, il a obéi exactement, il a obéi généreusement. »

La sincérité d'obéissance consiste « à entrer sans calcul dans les ordres des supérieurs, ne demandant pas à se les expliquer, mais seulement à les comprendre. » Là-dessus, quelques traits connus de la vie de saint Louis, puis cette application portant si juste: « Mes chers enfants, si vous voulez obéir, il ne faut pas obéir avec de petites réserves de par derrière

votre tête. Ne déployez pas d'habileté pour
faire se prêter vos maîtres à vos désirs, ne
faites pas agir des tiers, ne vous composez pas
des mines boudeuses ou suppliantes quand
vous allez recevoir un ordre du supérieur ou
solliciter une permission. Au lieu de vous ingé-
nier à vous faire permettre ou commander ce
que vous désirez, essayez-vous en chrétien et
en homme à vouloir d'avance ce qu'on vous
commandera. Toutes ces petites pratiques ru-
sées répugnent à une âme généreuse, et dé-
truisent le mérite de l'obéissance..... Pour
que l'obéissance soit droite, il ne lui faut de
votre part ni interprétation, ni commentaires.
Il y a des élèves qui savent faire parler les maîtres au gré de leurs propres fantaisies, et sont
au collège comme Nelson au siège de Co-
penhague. A une bataille antérieure, il avait
perdu un œil; mais celui qu'il avait gardé, il le
tenait ouvert, étincelant comme de la braise, du
côté de l'amiral Parker, dans l'attente de l'ordre
de commencer le feu. L'ordre parti, il se battit
comme un lion. En pleine action l'ordre arriva
de suspendre l'attaque. Il tourna vers les si-
gnaux le côté de la figure où l'œil manquait :
« Messieurs, dit-il, je ne vois rien, continuez le
feu! » Mes enfants, ce jour-là, Nelson ne fut pas

un héros, en croyant l'être. Sa ruse cheva-
leresque eût pu perdre l'armée. Il y eût eu
plus d'héroïsme pour lui à remettre son épée
au fourreau qu'à la brandir : il se serait vaincu
davantage. »

« Saint Louis de Gonzague n'eut pas seulement l'obéissance droite et sincère, mais
l'obéissance ponctuelle, l'obéissance de la
cloche sous la main du règlementaire. » Il fut
exact à obéir même aux plus minimes pres-
criptions de la règle, à ces prétendues baga-
telles, ces soi-disant riens, dont l'observation
fidèle fait pourtant les saints.

Mais les héros de l'obéissance arrivent à
l'immolation de leur jugement : c'est le sommet
de la générosité. Cette obéissance consiste non
pas à croire le supérieur infaillible, mais à lui
obéir comme s'il était infaillible : « non pas à
dire que ce qui est blanc est noir, mais à ne
pas regarder à la couleur. » L'orateur, en terminant, nous la montre dans notre Saint,
« parvenant à d'incalculables hauteurs, qui
semblent inaccessibles à une âme humaine »,
jusqu'à fuir, sur l'ordre de ses supérieurs, les
extases qui ruinaient sa santé ; mais quelles
luttes pour y parvenir ! « On lui ordonnait de se
distraire de Dieu et il s'y abîmait malgré lui,

comme les ruisseaux dans l'océan ; il y montait sans agiter ses ailes de colombe, que l'ordre des supérieurs tenait fermées, mais comme une nuée floconneuse monte dans le ciel. Il disait, inquiet, à un de ses compagnons : « Je ne sais plus comment faire : le P. Recteur m'interdit l'oraison à cause de mes maux de tête, et je me fais beaucoup plus de violence pour me distraire de Dieu que pour en avoir l'esprit toujours rempli. Je trouve plus de repos à m'absorber en lui et plus de peine à m'en distraire : le remède est pire que le mal ; mais il faut obéir. » Et pour obéir, mes enfants (écoutez si jamais homme sur terre est allé si loin dans l'obéissance), pour obéir, quand il avait passé quelques secondes devant le Saint-Sacrement, il fuyait pour éviter un ravissement. Pour obéir, il fuyait Dieu ; et plus il fuyait, plus Dieu le poursuivait et l'attirait..... La tentation lui venait de Dieu, au lieu de lui venir du démon, et au lieu de dire : Retirez-vous de moi, Satan ! il disait : Retirez-vous de moi, mon Dieu ! »

« Dieu se retira si peu qu'il le prit à 23 ans. Il resplendit dans la lumière divine, sans que nul ordre puisse lui interdire ses ravissements ; son extase éternelle ne craint plus ni la satiété,

ni la fatigue ; et de ces surnaturelles hauteurs,
il vous dit son premier mot d'aujourd'hui :
J'ai obéi. »

Le sermon avait duré une grosse heure, et
plus l'orateur parlait, plus on voulait l'entendre. Même les plus petits n'avaient pas
perdu un mot, pas un geste. Dans les conver-
sations du vendredi, il ne fut question que du
sermon de la veille et de celui du jour même,
qu'on se faisait une fête d'entendre.

*
* *

Hier, saint Louis a répondu que le secret de
sa gloire est l'obéissance ; aujourd'hui, il y
ajoute le travail.

Après avoir prouvé la nécessité du travail,
Mgr Rozier, en un magnifique contraste, oppose
le portrait du jeune homme désœuvré à celui
de saint Louis, le jeune homme travailleur.
Quels coups de pinceau vigoureux dans le portrait de ces dandys modernes, qui traînent dans
une oisiveté élégante une existence lâche et sans
but ! « Ils s'en vont partout, la tête absolument
vide et le cœur aussi, abdiquant volontiers la
dignité de l'homme pour remplir la fonction
sociale de moule à frac, impuissants à remuer
une idée ou à défendre une cause autre que .

celle de leurs clubs ou de leurs chevaux, race creuse qu'on ne peut regarder sans rougir pour la dignité humaine ; qui change de nom à chaque saison, comme à chaque saison elle change de manière de porter les mains et les pieds ; toujours la même pourtant sous ces multiples métamorphoses toujours élégantes et toujours inutiles ; fière d'avoir détruit en elle jusqu'à la faculté de s'émouvoir et de sentir ; honteuse autant des francs rires que des bonnes larmes, s'en tenant résolument au sourire idiot et éternel de la gravure de mode ; race atrophiée, mais fière de son atrophiement, en laquelle on ne trouve plus trace d'énergie virile, même pour le plaisir. »

Au contraire, Louis de Gonzague qui, pourtant, touchait « du pied à tous les ducs, du front à tous les rois...., fut assez sage pour penser que tous les titres sont des sonorités... que les couronnes ducales tombent des fronts, et ne sont pas toujours remplacées par des couronnes d'élus ; qu'il faut avoir autre chose à présenter au Maître souverain, qu'il faut faire quelque chose ». Il travaille.

Ici, l'orateur suit dans un tableau rapide cette courte existence, si bien remplie par le travail et le dévouement. Il nous le montre, étudiant sans relâche, partout où le mène sa vie voyageuse, à Castiglione, à Mantoue, à Florence, à Milan, à la cour d'Espagne, à Rome, et en même temps se dévouant à ses semblables, en faisant le catéchisme aux enfants pauvres, en exerçant l'apostolat dans son entourage, en tombant enfin victime de sa charité envers les pestiférés.

Avant de descendre, l'orateur nous laisse un mot d'ordre : « Sur la maison où Jeanne d'Arc naquit, au-dessus de la porte que franchit si souvent la vierge guerrière, on lit ces deux mots : « *Vive labeur* ». Gravez cela au fond de vos cœurs et au fronton de votre vie, et en avant ! »

Rien ne pouvait être plus agréable. A Mongré, depuis que nous avons entendu l'éloquence enflammée du vaillant évêque de Verdun, nous aimons Jeanne d'Arc. Les grands ont même placé sa statue dans leur cour : elle porte haut sa bannière et semble dire : Pour l'Eglise et la France, Vive labeur !

L'orateur termine par ce trait d'histoire, qui acheva de mettre en nos âmes le besoin du travail : « L'empereur Septime Sévère était aux suprêmes instants. Etendu dans sa tente silencieuse, sur son lit de bronze, autour duquel

les généraux faisaient ce silence tragique qui
annonce la mort, les yeux clos, la bouche
entr'ouverte, aspirant péniblement l'air re-
belle, son cœur, qui allait arrêter ses coups,
disait adieu et au monde et à l'empire, lorsque
le tribun de service, soulevant la lourde por-
tière de la tente impériale, la poitrine cuirassée
et l'arme au poing, entra et se penchant sur la
couche, il demanda selon la coutume à l'empereur, le mot d'ordre à donner ce jour-là
aux légions. Le César souleva lentement ses
paupières sur lesquelles la mort pesait déjà ;
dans une suprême éclaircie, il reconnut le
tribun, et sa bouche expirante trouva encore
assez d'énergie pour lui balbutier : *Laboremus,*
Travaillons ! »

« Mes enfants, *Laboremus !* Le mot d'ordre
des légions de Septime Sévère est le vôtre,
et vous savez le sort réservé au soldat qui
l'oublie. »

« Laissez-moi, en finissant, écarter mon
regard de ce lit impérial pour l'arrêter sur ce
jeune Saint qu'un artiste, votre maître, a représenté debout dans sa soutane noire, irradié
dans des gloires et emporté dans les frémis-
sements d'ailes des anges qui lui font cortège. »

« Je le regarde là, debout, dominant l'autel, dominant cette chaire; vous dominant tous, et il me semble l'entendre jeter sous la voûte ce mot de sa vie: *Laboremus*, Travaillons. »

Le samedi soir, le sermon est remplacé par la réception de Son Eminence le cardinal Foulon, Primat des Gaules.

A 7 heures, tous les élèves échelonnés en demi-cercle à droite et à gauche de la majestueuse entrée du collège, attendent son Eminence. C'était d'un bel effet. Les Pères plus avant dans la grande allée, là où s'arrêtent les rangs des enfants, reçoivent son Eminence et la conduisent, à travers les applaudissements de tous, jusque sur le haut du perron : Les battements de mains, éclatent, et tous d'une voix s'écrient :

Chantons en ce jour solennel,
Avec saint Louis, notre frère,
Celui qui vient au nom du Ciel ;
Vivat ! vivat ! c'est notre père !

Saisis d'abord et comme intimidés par la splendeur de la pourpre, les élèves ont bien vite senti la tendresse d'un père, sous la majesté du prince.

4

Son Éminence, à peine assise, invite nos
enfants à s'approcher de plus près, pour pouvoir leur parler davantage cœur à cœur. Ravis
par la grâce paternelle de cet accueil, les plus
petits s'oublient et s'élancent jusqu'aux pieds
du Pontife. Les cœurs de tous sont enlevés, et
sous le charme de la parole de Monseigneur,
sous le bienfait de sa bénédiction, on sent
déjà tout ce que son auguste présence va
donner de grandeur et de joie à nos fêtes du
lendemain.

Enfin, il se lève, le soleil du grand Cente
naire. A cinq heures du matin, de joyeux
carillons jettent leur musique à travers le calme
d'une radieuse aurore : c'est le signal du lever.
Vive est la surprise. Ces cloches, jamais les
élèves de la génération présente ne les avaient
entendues. Une légende disait bien qu'il y
avait tout là-haut, blottis dans le campanile,
de gais oiseaux, dont le ramage annonçait au-
trefois les grandes joies de Mongré. Mais depuis la tristesse de l'expulsion, gentils oiseaux
s'étaient endormis, et plus n'avaient chanté·
Et voici que dans la cage aérienne, ils

s'éveillent, ils chantent à cœur joie, et à leurs accents tous les cœurs bondissent.

La première surprise fait très vite place à l'émotion. De bien des yeux coulent pressées les larmes du saisissement et du bonheur. On attendait depuis si longtemps ce jour, qui ne reviendra que dans un siècle ; on s'y était si ardemment et si pieusement préparé ; vers lui avaient convergé, avec tant d'élan, tous les efforts de l'année ! Aussi, dans le sommeil qui précéda, avait-on rêvé du paradis ; et beaucoup, à la voix inattendue des carillons, crurent, comme l'écrivait un petit sixième : « entendre une troupe d'anges, s'abattant vers Mongré, pour lui redire, sur leurs cithares d'or, l'hymne qu'ils chantaient autour du trône de saint Louis dans les Cieux ».

* * *

Maintenant, c'est l'heure du festin céleste. En l'honneur de l'ange fait homme qui s'appelait Louis, la foule pressée des convives va recevoir le pain des Anges.

A 6 heures, son Eminence, assistée de son Grand Vicaire et du R. P. Recteur, célèbre la Sainte Messe et donne à tous la sainte Communion. « Avec quelle angélique piété tous vos

enfants ont communié, dit Monseigneur en sor-
tant, c'est admirable, j'en suis ému et ravi. »

A 8 heures et demie, notre église déborde de
monde ; l'Eminence vénérée fait son entrée
solennelle en *cappa magna*. Un magnifique
trône couronné de pourpre et d'hermine lui a
été dressé aux pieds de la statue de la Très-
Sainte Vierge ; le cortège se met en face, de
l'autre côté du chœur, sur une estrade placée
aux pieds de saint Joseph.

L'église est vraiment belle. Tout est semé
de lis et de verdure. De longues guirlandes
vertes, montent en serpentant aux corniches
et se relient de colonne en colonne. Au pied de
chacune de ces colonnes, s'étalent en superbes
massifs, des palmiers nains, avec des touffes de
lis symboliques. Çà et là de grandes palmes
encadrent d'autres bouquets de lis.

Le fond de l'abside est couvert par une
grandiose image de saint Louis de Gonzague,
heureuse inspiration de M. Barriot, notre
maître de dessin. Tous admirent cette belle
œuvre. Elle mesure quatre mètres d'élévation.
Saint Louis, un lis à la main, sourit, du milieu
des anges, à ceux qui le regardent et semble

les inviter à partager sa gloire. Les anges le couronnent avec des fleurs du paradis. Tout, dans ce tableau, est rempli de fraîcheur et de lumière. Un cadre à fond d'or, semé de palmes et de lis, rehausse la peinture.

Le chœur et l'orchestre sont installés sur des gradins appuyés à la grande porte d'entrée, sous la tribune.

Mgr Rozier chante la messe. Son Eminence, parée des insignes pontificaux, tient chapelle sur son trône. C'est d'un effet superbe. Le soleil éclate à travers les vitraux et fait briller les ornements d'or des célébrants ; il donne aux robes des enfants de chœur une parure nouvelle.

La chorale des élèves exécute la messe Sainte-Cécile, de Gounod, avec une perfection qui nous enthousiasme. Elle est soutenue par un orchestre choisi et nombreux.

Une pieuse émulation règne partout et soutient les cœurs. Les élèves, par leur recueillement, étonnent ceux qui les entourent. « On eût dit l'église vide, racontait un témoin, si profond était le calme de tous. »

Vers 10 heures 1/2, troisième et solennelle entrée à la chapelle. C'est l'heure de la Confirmation. Son Eminence, s'inspirant d'une inscription placée en face de son trône : « *Spiritus ad robur* », trouve de très heureux rapprochements entre le sacrement de la Confirmation et le caractère dominant de saint Louis de Gonzague : la force. Nos 5o confirmés ont presque tous choisi le B. Louis pour leur patron ; on est doucement ému d'entendre, à mesure qu'il passe devant un nouvel enfant, sortir des lèvres de l'assistant, pour être redit encore par le prélat, cette appellation toute céleste : *Aloysi*.

* *

A midi, le préau de la deuxième division est pavoisé tout comme aux jours des solennelles réunions des Anciens. Bientôt, près de 5oo convives se rangent autour de Son Eminence. Avec le clergé de la paroisse, quelques amis sont là, puis des anciens élèves, pères des nouveaux confirmés.

Au dessert, M. Charles Jacquier veut bien se faire l'interprète de tous et remercier Son Eminence en termes que nous sommes heureux de retracer ici :

« Eminence,

« On me charge, comme un des aînés de la famille, d'acquitter envers vous une dette

chère à nos cœurs : célle de notre reconnaissance et de notre gratitude. C'est un honneur
dont je sens tout le prix et que votre habi-
tuelle bienveillance m'encourage à accepter.
Merci donc, Eminence vénérée, d'être venue
si gracieusement, malgré vos travaux et vos
fatigues, jeter la pourpre de votre robe sur
la blancheur des lis qui symbolisent cette
fête. »

« Il y a quelques jours, c'est sur les hauteurs
de Montmartre que vous présidiez les grandes
solennités de la prière nationale. Hier, c'était
dans la capitale de la Bourgogne, en l'honneur
de l'illustre saint Bernard. »

« Aujourd'hui, c'est le Centenaire de cet
adolescent que vous illustrez de votre présence. Encore une fois, merci ; vous témoi-
gnez ainsi de cette sollicitude éclairée qui,
de tout temps, vous inclina vers la jeunesse
et vous fit lui consacrer les prémices de votre
sacerdoce. La pourpre va bien avec le lis : la
pourpre, en effet, c'est le courage et c'est le
sang ; le lis, c'est la pureté et c'est la vertu.
Or, c'est dans la jeunesse vertueuse que se
préparent les résolutions courageuses ; ce sont
les âmes pures qui feront les cœurs forts et au
besoin les martyrs. »

« Et puis, Eminence, en venant vous
asseoir à cette table, vous perpétuez une tra-
dition qui nous est chère. Depuis longtemps,
en effet, cette Maison, chacun de vos illustres
prédécesseurs a daigné la combler des marques
de sa bienveillance et de son affection. A cette
chaîne précieuse, vous ajoutez un anneau ;
au nom de tous, soyez-en remercié et béni. »

« J'ai parlé des Anciens, mes jeunes amis ;
en leur nom, laissez-moi dire deux mots encore : un pour le R. P. Recteur : c'est à lui
que nous devons les joies de cette journée.
Je l'en louerais davantage ; mais comme
chez les Jésuites l'humilité marche de pair
avec la bonté, il m'en voudrait d'insister.
Je m'arrête donc pour ne pas lui déplaire ;
mais si nos lèvres se taisent, nos cœurs conti-
nuent à parler ; qu'il daigne en entendre l'affectueux écho. »

« Quant à vous, jeunes et chers camarades,
laissez-moi vous tendre, en terminant, une
main fraternelle. Tout ici éveille en nous d'é-
mouvants souvenirs ; ces arbres qui vous om-
bragent, ils ont grandi avec nous ; ces cours,
elles ont été les nôtres ; c'est le même encens,
c'est le même chant, c'est le même Mongré.
Ah ! soyez-y bien fidèles ; nous avons quelque

droit d'en être fiers : serrez-vous bien autour de son drapeau. Je ne sais ce que sera l'avenir, mais ce que je sais bien, c'est qu'il se lève, d'un bout de la France à l'autre, une jeunesse éprise de lutte, de justice et de liberté ; c'est que, expulsés de la plupart des carrières, nous voyons vos camarades se faire une carrière de travailler à préparer des jours meilleurs, à la résurrection de leur pays, à la défense de nos libertés menacées. C'est la grande espérance de l'heure présente. Suivez ces nobles exemples, mes jeunes amis. Serez-vous vainqueurs ou vaincus ? Je ne veux pas le savoir ; ce qui importe à un soldat, ce n'est pas de battre ou d'être battu, c'est de se battre. Ce n'est pas de triompher, c'est de lutter. La victoire, c'est Dieu qui la donne ; ce que nous avons à donner, nous, c'est notre temps, c'est notre cœur, et c'est, s'il le faut, notre sang. Le sang, en effet, c'est la grande semence, c'est lui qui fait lever la moisson et empourpre le lis. »

« Dans quelques années, l'Eglise vous appellera au baptistère de Reims, pour célébrer le quatorzième centenaire du baptême de Clovis. Je vous y donne rendez-vous. En attendant, préparez-vous à devenir des hommes,

et en avant pour l'Eglise et pour la Patrie :
Vivat Christus qui diligit Francos ! »

Inutile de parler des applaudissements qui
soulignèrent à tout instant ces chaleureuses
paroles. On les devine à la simple lecture. Mais
ce qui ne peut être deviné, c'est l'accent du
cœur, transmis par l'émotion de la voix, et ce
geste si animé, qui centuplent l'effet de la
pensée. Aussi, à peine l'orateur a-t-il achevé,
que son Eminence se lève pour se plaindre, en
termes touchants, de n'avoir point la vibrante
éloquence de M. Jacquier pour le bien remercier : « Sachez du moins que nous vous
aimons, cher M. Jacquier, de toute l'ardeur
de nos cœurs ; laissez-moi vous en donner ici
l'affectueux témoignage. » Et s'approchant, le
Pontife embrasse l'orateur avec une effusion
qui émeut tous nos cœurs et soulève des applaudissements sans fin.

.[*].

A 2 heures et demie, nous sommes tous
réunis dans la grande salle des exercices.

Sur notre petite scène, une statue de saint
Louis est debout au milieu des fleurs. Les
Académiciens de littérature lui forment une
couronne.

Ils lisent leurs devoirs : c'est une étude sur la vie du Saint dans le monde; ils font ressortir, par quelques traits choisis, l'héroïsme de son cœur. Peu à peu, on voit les énergiques affections du Saint s'élever vers les objets éternels et préparer le dénouement final. son renoncement à tout.

Citons parmi les morceaux les plus applaudis de cette séance, les deux pièces qui suivent :

LE CHANT DE L'ÉPÉE

O mon épée ! ô ma vaillante,
Tu m'appartiens. je suis heureux.
A voir ta flamme flamboyante,
Je me sens le cœur d'être un preux.
Depuis que tu pends, claire et blanche,
Si fièrement, à mon côté,
Je crois entendre ta voix franche,
Qui dit : Vaillance et loyauté.

J'aime bien ta garde fleurie,
Où s'entrelacent les lys d'or :
Pour l'homme de chevalerie,
Ame pure est le grand trésor.
Si jamais la moindre souillure

Venait faire mentir ma foi,
Sans partager ma forfaiture,
Tombe de ma main, brise-toi.

Je ne demande qu'une chose :
S'il faut au cloître dire adieu,
Qu'il se lève une grande cause,
Qu'il faille combattre pour Dieu.
Tu brûles, mon ardente épée,
De laisser ta gaine de fer,
De te sentir de sang trempée
Et d'éblouir de ton éclair.

Voici que sonne la bataille :
Je baise ta lame d'acier.
En avant d'estoc et de taille,
En avant sur mon beau coursier.
Si Dieu, par le tranchant du glaive,
Un jour met fin à mes exploits,
Veux-tu savoir quel est mon rêve ?
Mourir en embrassant ta croix !

Oh ! Les grands coups, ma belle épée
Que je vais frapper avec toi !
Les combats géants d'épopée
Que nous combattrons pour la foi.
Vaillant patron de l'Asturie,
Grand Saint Jacques, je n'ai qu'un vœu,
Etre fleur de chevalerie,
Etre le chevalier de Dieu !

LILIUM INTER SPINAS

Jusqu'à l'azur de l'horizon
C'est le désert vide, sans bornes ;
Pas une touffe de gazon
Jusqu'à l'azur de l'horizon.
Le cœur est saisi de frisson
Devant ces solitudes mornes ;
Jusqu'à l'azur de l'horizon
C'est le désert vide, sans bornes.

Toujours du sable et puis du sable
Où tourbillonnent tous les vents.
Le bleu du ciel est immuable,
Toujours du sable et puis du sable ;
Toujours un soleil implacable
Brûlant ces espaces mouvants.
Toujours du sable et puis du sable
Où tourbillonnent tous les vents.

Perdu dans l'étendue immense
Un buisson tord ses maigres bras,
Comme un voyageur en souffrance
Perdu dans le désert immense,
Qui s'arrête sans espérance,
Ne sachant où porter ses pas.
Perdu dans le désert immense,
Un buisson tord ses maigres bras.

Sous les épines, noir réseau,
Merveille ! une corolle blanche :
C'est un lis ; oh ! comme il est beau
Sous ces épines, noir réseau !
Au milieu du désert sans eau,
Il ne se fane ni ne penche.
Sous les épines, noir réseau,
Merveille ! une corolle blanche.

Vous, plus blancs que la blanche hermine,
Lis du jardin, lis du vallon,
Vous n'avez pas couleur plus fine,
Vous, plus blancs que la blanche hermine.
Souvent l'abeille qui butine,
Vous a blessés de l'aiguillon,
Vous, plus blancs que la blanche hermine,
Lis du jardin, lis du vallon.

Toi, tout humide de rosée,
Si frais sous ce grand ciel de feu,
Ta goutte d'eau, qui l'a puisée,
O lis, humide de rosée ?
Sur ton duvet qui l'a posée ?
Peut-être est-ce la main de Dieu ?
O lis, humide de rosée,
Si frais sous ce grand ciel de feu.

Blanche fleur, que le monde ignore,
Pour qui ton parfum et ton miel ?
Pour qui l'éclat qui te décore,
Blanche fleur, que le monde ignore,

Pure comme un lever d'aurore ?
Dieu te garde-t-il pour le ciel ?
Blanche fleur, que le monde ignore,
Pour qui ton parfum et ton miel ?

Dans ton buisson, tu vis rêvant
De frais parterres sans épines
Que ne ravage pas le vent.
Dans ton buisson, tu vis rêvant,
Tu songes sans doute souvent
Aux douceurs des brises divines ;
Dans ton buisson, tu vis rêvant
De frais parterres sans épines.

Tes rêves vont être accomplis
Car le ciel t'envie à la terre.
Meurs donc, ô le plus beau des lis !
Tes rêves vont être accomplis.
Loin de nos horizons pâlis
Va fleurir au divin parterre !
Tes rêves vont être accomplis,
Car le ciel t'envie à la terre.

Les Académiciens s'éloignent un instant,
puis, en costumes du temps, mettent sous
nos yeux le drame du P. Delaporte, si applaudi,
à la même heure peut-être, sur toutes les
scènes de nos collèges. Ce sont les adieux de
saint Louis de Gonzague au monde.

L'intérêt devient saisissant lorsque le héros remet à son jeune frère Rodolphe, avec sa couronne de marquis, tous ses titres et son immense fortune. En recevant ce don, l'adolescent, au milieu du tressaillement de sa joie, est surpris de trouver que son frère est plus heureux encore de lui tout donner. Il ignorait, le pauvre jeune homme, ce que Louis allait recevoir en échange, de son Roi du Ciel.

Des larmes vinrent aux yeux lorsque l'héroïque Saint, avant même de partir pour le Noviciat, reparut en scène revêtu des pauvres livrées de la Compagnie de Jésus, et dit aux siens un dernier adieu. Quel contraste encore entre toute cette grande et noble famille en larmes, et la joie si douce du beau visage de Louis de Gonzague.

Entre les deux parties de cette séance, sous forme d'entr'acte, on distribua des récompenses pour les travaux scolaires offerts à saint Louis pendant les cinq premiers mois du Centenaire.

Je vous dois un mot sur ces travaux; ils nous ont été inspirés par les vieilles industries de la Compagnie et de ce cher collège.

En janvier, paraissait la magnifique lettre de

S. S. Léon XIII à la jeunesse. C'était une exhortation à célébrer le 3e Centenaire de son saint Patron. Mongré se leva avec enthousiasme.

Sans retard, dans le 2e parloir du collège, un trône fut dressé à la statue de saint Louis.

Là, au milieu des fleurs, chaque classe eut son trésor.

On y déposait les devoirs jugés ... "lents par les Professeurs.

Ils étaient d'abord relevés avec soin sur un papier choisi. Ce papier portait l'image de saint Louis, encadrée de guirlandes de lis et d'épines, double symbole de sa vertu, avec ces mots : « *Innocentem non secuti pœnitentem imitemur.* »

En haut, sur la première page, on lisait en belles lettres gothiques : « Honneur à Saint Louis de Gonzague. 1591-1891. »

Les leçons très bien sues et parfaitement récitées étaient mentionnées dans un bel album.

Il fallait récompenser aussi la piété, la conduite, les jeux, toute bonne volonté. Sur un vaste tableau, on inscrivit les noms des élèves, puis des chiffres qui donnaient le nombre de *très bien* obtenus par eux à la fin de chaque mois. On notait en rouge l'élève qui s'était signalé en ne perdant aucun de ses *très bien*.

. * .

C'était l'heure de payer tous ces efforts. Malgré l'appui forcément restreint des plus âgés, que leurs examens rangent dans un ordre à part; malgré l'absence prolongée de 40 enfants malades, le trésor renfermait le 21 juin : 1143 copies et 7468 leçons.

Un ordre de mérite fut établi pour chaque classe, et de beaux volumes donnés aux trois premiers.

Les bonnes notes eurent aussi leur récompense: Un témoignage richement orné, avec une inscription spéciale, fut remis à tous ceux qui avaient su garder la moitié de leurs A. Plusieurs, qui les avaient tous, furent signalés et reçurent la vie illustrée de saint Louis. Son Eminence daigna donner ses éloges à ce concours et voulut bien remettre à tous, avec les paroles les plus affectueuses, le prix de leurs efforts. Cet intermède achevé, la seconde partie de la séance déroula sous nos yeux, comme

nous l'avons déjà dit, la scène des adieux de
Louis à son vieux père et à·tous les siens.

*
* *

C'est alors que nous eûmes la joie d'enten=
dre ,comme un chant de triomphe, la superbe
Cantate de M. l'abbé Chérion, directeur de la
Maîtrise de Moulins. Les journaux de l'Allier
ont fait le plus bel éloge de cette œuvre. Elle a
naturellement soulevé parmi nous d'enthousiastes applaudissements. Ensuite, la toile est
tombée ; quelques élèves debout sur l'avant-
scène, émus de ce qu'ils ont vu et comme
entraînés par l'exemple de leur saint Patron,
entonnent avec chaleur ces paroles :

> Nous voulons croire, agir et vivre
> Et lutter pour le Dieu vivant ;
> Aux combats que l'enfer nous livre
> Nous voulons te suivre. En avant !

Ce refrain, répété après chaque couplet par
nos 350 élèves, produit un grand effet : Son
Eminence se lève sous cette impression, et,
par quelques paroles senties, achève d'exciter
en tous le besoin de redire encore : *En Avant!*

Nous voulons croire, agir et vivre
Et lutter pour le Dieu vivant ;
Aux combats que l'enfer nous livre,
Nous voulons te suivre. En avant !

* *

A l'heure du panégyrique de saint Louis, tous nos amis sont là, plus nombreux, plus décidés que jamais à ne rien perdre de ce beau jour.

Le discours de l'orateur répond à l'attente pourtant si grande de son auditoire :

Vous serez heureux, nous n'en doutons pas, de le lire, dans son intégrité :

« Lætatus sum in his quæ dicta sunt mihi : In domum Domini ibimus. »

« Je me suis réjoui de cette parole qui m'a été dite : Nous irons dans la maison du Seigneur. »

(*Ps. 121, 1.*)

« C'est une émotion inoubliable que celle qui ébranle l'âme du pèlerin, lorsqu'après avoir cheminé plus d'un grand jour dans cette immense plaine de Saron, descendu les pentes rocheuses et désolées du Térébinthe, franchi le torrent, remonté les escarpements de la vallée, debout sur les étriers, l'œil et le cœur tendus en avant, il découvre les premières lignes de cette terre auguste, vers laquelle il est venu de si loin pour se mettre à genoux et prier. La montagne des Oliviers arrondit d'abord sa cime dans le ciel, puis à chaque pas des chevaux sur la roche vive, elle écarte ses larges flancs, et l'horizon s'agrandit en même temps que les désirs et l'émotion. Quelques minutes encore, et l'on voit se profiler nettement une ligne de murs gothiques, dont les tours carrées rompent la monotonie ; derrière ces murs des courbes de dômes et des pointes d'édifices, et alors de toutes les poitrines palpitantes un mot s'élance à la fois: Jérusalem ! Et tous, d'un même élan, nous sautions à bas de nos montures, pendant qu'un moine qui nous avait accompagnés entonnait vigoureusement ce cantique, que les Juifs chantaient en vue de la Ville sainte, quand ils accouraient des quatre horizons assister à ses solennités : *Lœtatus sum in his quæ dicta sunt mihi : In domum Domini ibimus* ; et nous reprenions en chœur: Nos pieds vont donc fouler tes dalles sacrées, ô Jérusalem : *Stantes erant pedes nostri in atriis tuis, Jerusalem.* »

« L'âme humaine fait le même pèlerinage vers une Jérusalem plus belle, pour laquelle elle se consume en désirs plus brûlants encore : *Unam petii a Domino, hanc requiram, ut inhabitem in domo Domini* : Je ne demande qu'une chose au Seigneur, mais cette chose, je la lui redemande encore, habiter la maison du Seigneur. »

« La route a des périls redoutables, mais aussi des réconforts infinis. On y fait des chutes mortelles, qui s'appellent le péché ; mais il se trouve toujours à point pour relever le pèlerin un secours plus fort que le péché : la grâce. La grâce, qui est le soutien de la route, en est en même temps le soleil. »

« L'âme, quand elle le veut, peut faire des haltes sur le chemin, et reprendre des forces en mangeant un pain plus substantiel que le pain miraculeux apporté par un ange au prophète harassé, pour lui donner la force d'escalader les rampes de l'Horeb ; elle peut se nourrir d'un pain qui est Dieu. »

« Ainsi elle s'achemine vers le terme convoité, et quand la voyageuse voit blanchir à l'horizon lointain les tours de la Jérusalem de délices, vers laquelle elle a péniblement et vaillamment cheminé, au lieu de chanter le cantique d'allégresse des pèlerins qui arrivent : *Lœtatus sum*..... elle pousse un cri d'effroi et se répand en lamentations funèbres. La première porte qu'il faut franchir avant de pénétrer dans la cité de ses rêves est une porte formidable, dont la seule vue glace d'effroi. Cette porte s'appelle la mort. »

« Mes enfants, voilà un pèlerin qui a fait en 23 ans le voyage que vous voudriez si long; et lorsqu'en une nuit de lumineuse extase, il entrevit les lueurs de la Jérusalem éternelle, mille fois plus belle que celle de la vision, puisque « nul œil humain ne l'a vu : *Nec oculus vidit* », son âme fut enveloppée de si indicibles délices, qu'il parlait encore au P. Bellarmin, avec un céleste transport, de cette nuit qui n'avait duré qu'un instant. Une voix que son âme entendit, lui assigna précisément le jour où il franchirait ce seuil de la mort, qui épouvante nos faiblesses, et les huit jours qui séparèrent cette nuit de la nuit suprême furent une ivresse impatiente. Oh! la bonne nouvelle, disait-il à ses frères, comme un écolier désireux des vacances, plus que huit jours, plus que huit jours ! aidez-moi à chanter le *Te Deum*. Frère, disait-il à un autre, en laissant sa joie lui déborder par les yeux, quel bonheur! je m'en vais, je m'en vais! *Lœtantes imus, lœtantes imus!* et, son jeune regard fixé vers le lointain par-delà, il se faisait chanter le cantique des pèlerins qui arrivent : *Lœtatus sum.....* »

« Jeune Saint, il y a trois siècles aujourd'hui qu'avec vos frères les Chérubins, vous dites cette hymne de l'éternité, sous les portiques de cette Jérusalem enivrante, où les siècles ne sont même pas des instants ; trois siècles que vos frères attendris virent vos lèvres virginales palpiter en une suprême prière, dernier battement d'ailes de votre âme angélique, s'élançant vers le ciel comme un passereau voyayeur : *Sicut passer erepta est.* »

« Il nous faudra franchir aussi cette porte de la mort, qui nous paraît si austère. Ah! ne m'accusez pas de troubler cette fête en vous parlant de la mort. Je connais cette histoire, puisque c'est la nôtre, et j'ignore celle de sa gloire : *Nec in cor hominis ascendit.* »

« Pourquoi en feriez-vous un deuil, puisqu'il en fit la grande joie de sa vie ? Pourquoi la verriez-vous si noire et si apeurante, cette porte, puisqu'à pareil jour, votre Patron la voyait ensoleillée déjà du soleil de l'éternité ? »

« O Louis, avant de clore ces fêtes de la
terre, si belles et pourtant échos à peine sen-
sibles de celles de là-haut, enseignez-nous l'art
difficile de joyeusement mourir. »

« Que le naufragé, après avoir lutté déses-
pérément contre les fureurs de la lame, atter-
risse enfin ; et, reposé dans la sécurité du port,
dans les joies caressantes du foyer, dans la
vie sans amer retour, qu'il redoute d'être re-
lancé aux incertitudes du flot, cela, c'est la
nature. Mais que celui que la vague traîtresse
ballotte encore, qu'elle va rouler comme dans
un linceul, pour le jeter au fond de l'abîme,
que celui-là ait peur du port, de sa sécurité, de
son repos, de sa joie, de sa paix, qui expli-
quera ce mystère ? C'est pourtant notre con-
dition. »

« Je comprends qu'Adam devait haïr la mort
de toute la force de sa haine, aux beaux jours
qui ont précédé la faute. Il pouvait avec raison abhorrer cette mort, qu'il n'avait pas à
redouter, parce que, quoi que la mort eût
fait, elle n'aurait rien pu lui rendre de ce qu'elle
lui aurait enlevé; quoi qu'elle eût fait, elle eût
gâté un bonheur et troublé un paradis. La
mort, en le frappant innocent, eût mis fin à

une vie toute pure et toute belle, séparé un
corps et une âme toujours en paix et faits pour
s'éterniser en cette infrangible amitié, arraché
une âme sainte d'un corps aussi saint que cette
âme, glacé une bouche qui ne chantait que
Dieu, immobilisé un cœur qui n'aimait que
Dieu, condamné aux vers des membres sans
tache. Cette mort-là, dit Pascal, il était juste
de la haïr. »

« Mais, quand elle met fin à une vie trou-
blée, pour ouvrir la porte sur une vie toute pure,
il est juste de l'aimer. »

« Quand elle sépare une âme sainte d'un
corps impur, il est juste de l'aimer. »

« Quand elle délivre l'âme d'un corps ré-
volté, il est juste de l'aimer. »

« Quand elle termine leur guerre implacable, il est juste de l'aimer. »

« Quand elle clôt une vie pécheresse, quand
elle vient mettre un terme à la liberté même
de pécher, il est juste de l'aimer. »

« Et pourtant nous haïssons la mort. »

« Voilà la clef du mystère, telle que la donne
la Foi avec le grand penseur chrétien : Sous
les arbres de l'Eden, le père innocent de l'huma-
manité avait au cœur deux grands amours,
l'un pour lui-même, l'autre pour Dieu ; mais

l'amour qu'il avait pour lui venait se résoudre
dans son amour pour Dieu. Il ne pouvait se
haïr sans haïr Dieu, puisque, image immacu-
lée de Dieu, il ne pouvait s'aimer sans aimer
Dieu. Entre ces deux grands amours, il s'est
glissé traîtreusement un serpent, qui a tout
gâté : le péché. Il n'a plus aimé Dieu. Il s'est fait
dans son âme un vide énorme et béant, laissé
par l'amour de Dieu vacant. L'amour de soi-
même est resté et s'est démesurément agrandi
de l'espace abandonné par l'amour de Dieu
parti. Il a d'autant plus aimé vivre, qu'il avait
moins de raisons de vivre. Tant que les deux
amours étaient unis, sa vie était agréable à
Dieu et devait être agréable à l'homme, et la
mort eût été une horrible chose, qui aurait
brisé cette vie-là ; mais le péché a fait plus que
séparer l'homme de Dieu : il a séparé l'âme du
corps, les a brouillés, les a mis en état de guerre,
et ils ont commencé sur l'heure du péché cette
lutte éternelle, que tous les siècles ont maudite,
depuis la Phèdre antique, au sortir de ses inter-
minables nuits d'insomnie, jusqu'à Horace ; depuis Horace jusqu'à saint Paul, et de saint Paul
jusqu'à Louis XIV, qui s'était si bien reconnu
dans les deux hommes de Racine. Néanmoins,
comme vestige du temps disparu, où tous les

deux étaient amis, ennemis, ils ont gardé la
passion d'être ensemble ; brouillés, ils restent
faits pour la vie, dont nous avons conservé
l'amour ; et puisque la mort devait les séparer,
et puisqu'elle restait la « punition du péché »,
malgré les avantages de cette séparation, il
était juste que nous en gardions une instinctive
horreur. La chose est arrivée : nous haïssons
la mort. »

« Le Médiateur est arrivé, apportant comme
don de joyeux avènement un dictame régéné-
rateur, la grâce. Par la divine vertu de la
grâce, la porte de la mort est devenue la porte
de la gloire, tout en restant, de par le décret
éternel, le châtiment de la faute. La mort
ouvre les éternelles recompenses en demeurant
un châtiment, et un supplice ne serait pas un
supplice, si le pécheur n'y trouvait que des
joies. *Mors, pœna peccati.* »

« Cependant, voici un jeune homme, pres-
qu'encore un adolescent, qui s'est laissé si
profondément travailler par la grâce, qu'il
semble, à le regarder vivre, que sa nature est
morte, que la grâce circule dans ses veines à
la place du sang, que la grâce toute seule est
sa respiration et sa vie, un jeune homme telle-
ment ange que les grands de la cour de Fer-

dinand II disaient du page Louis : « Ce petit marquis de Castiglione n'a pas un corps de chair », juste ce que saint Augustin disait de la chair ressuscitée : *Angelificata caro*, une chair angélisée ; ce qu'il disait de celle de Marie : *Habet aliquid non carnis in carne*, il y a dans sa chair quelque chose qui n'est pas de la chair ; et dans cette chair déjà immatérialisée, une âme si pleine de la grâce, qu'elle semble la grâce même, une âme si pleine de la grâce, que, mise en face de la mort, elle lui enleva ses terreurs, lui arracha ses épouvantements ; une âme si pleine de la grâce, que la laide mort à sa vue dépouille devant elle ses traits horribles de mégère, pour se montrer sous la forme d'une vierge belle et divine, la venant convier pour la félicité ; une âme si pleine de la grâce, qu'elle chante à l'approche de la mort ses plus beaux cantiques, qu'elle reçoit la radieuse mort en sa cellule de novice Jésuite, les yeux inondés de larmes de bonheur, et part enivrée d'extase en disant comme saint Paul : Oh ! la belle chose que mourir ! *Mori lucrum* ! »

« A genoux devant ce cadavre embaumé, et dites qu'il est bon d'être d'une religion qui a tout embelli, même la mort, qui lui a arraché jusqu'à son nom hideux, qui secouait l'âme de si intimes terreurs, pour nous dire que :

« La mort est un sommeil, et la tombe un berceau.»

« Il faut donc préparer lentement nos âmes à cette mort sans effroi, en commençant sans tarder notre apprentissage de la mort. »

« L'apprentissage de la mort ! Est-ce qu'en unissant ces deux mots je ne commets pas une facétie funèbre ? Ne pourriez-vous pas me répondre comme ce courtisan fidèle, qui s'en allait partager le supplice du jeune et malheureux empereur qu'on fusillait à Queretaro ! L'empereur devant la mort voulait se tenir en empereur, et il demandait à son compagnon de route des renseignements sur la cérémonie lugubre, et le courtisan répondait au roi avec un léger sourire : « Sire, comme vous, c'est la première fois qu'on me fusille. » Quand je vous demande de commencer l'apprentissage de la mort, vous pourriez me répondre aussi : La première fois qu'on meurt est la dernière; on ne recommence pas : *Semel mori*. Et l'apprentissage d'un art suppose de longs et patients exercices. Il faut souvent revenir sur ce qui est fait et corriger à la fois suivante les défauts de la fois précédente. Et on ne meurt qu'une fois ! Qu'on meure bien ou qu'on meure mal, on ne meurt qu'une fois : *Semel mori.* »

« Pourtant c'est la maxime des Pères, dit Bourdaloue, et voilà un jeune homme mort à vingt-trois ans, d'une mort que j'appellerais, si j'osais, jeune, printanière, joyeuse, chantante comme la jeunesse, pour nous bien persuader qu'il y a un art de mourir, que cet art peut s'apprendre, qu'après la science de Dieu c'est de toutes la plus belle. Voilà un jeune maître en cet art exquis, qui commence à sept ans l'apprentissage de la mort, et se trouve à vingt-trois si expert, que sa mort est un sourire et qu'à trois siècles de distance son cadavre lumineux nous prêche encore qu'il mourut saintement, parce qu'il avait patiemment appris à saintement mourir. »

« C'est vrai, on ne meurt qu'une fois ! Mais le même Esprit de Dieu, qui assure qu'on ne meurt qu'une fois, *Semel mori*, assure aussi par la bouche de saint Paul que nous mourons toujours : *Quotidie morior.* Si vous le voulez, nous ne mourons qu'une fois, mais cette fois est longue, elle commence dans le sein de la mère et finit dans le sein de la terre ; chaque minute qui passe est une minute morte, en sorte que ce que nous appelons vivre n'est pas autre chose que mourir. »

« De cela Louis de Gonzague, fils aîné de Ferdinand de Gonzague, prince du Saint-Empire, marquis de Castiglione, et de Dona Martha, de l'illustrissime famille de la Rovère, première dame d'honneur de la reine Isabelle de Valois, de cela il s'avisa à neuf ans. A cet âge où tous ici nous nous sommes joyeusement imaginés qu'au lieu de descendre à la mort on monte à la vie, à neuf ans, il ne se regardait déjà plus comme un vivant, mais se voyait en train de mourir ; à neuf ans il se disait comme saint Augustin : Louis tu crois de vivre, tu meurs, *Vides viventem, cogita morientem.* Si je meurs à chaque minute, en m'exerçant à abandonner librement et généreusement la minute qui passe, j'apprendrai à abandonner librement et généreusement la dernière. »

« Il avait raison. L'arrêt qui condamna Adam au supplice de la mort ne fut pas un arrêt dont l'exécution fût délayée. Le coupable mourut sur le coup de sa faute. « Au jour même où tu mangeras de ce fruit, tu mourras », avait dit le Seigneur : *In quâcumque die comederis, morte morieris.* Cependant le père des hommes passa des siècles et des siècles à former l'immense famille humaine, qu'il avait

fondée. Le jugement de Dieu fut-il inefficace ?
demande saint Irénée. Non ! En s'arrachant
des mains de la grâce, Adam glissa brusque-
ment dans les bras de la mort. La grande
catastrophe éclata en même temps que la sen-
tence. La mort commença sur-le-champ son
travail de dissolution. Sur-le-champ les infir-
mités prirent leur place maîtresse en son corps
déchu, s'infiltrèrent dans ses veines pour se
mêler à son sang vicié, et il avait à peine entendu sa condamnation, qu'à cette minute solennelle il était déjà saisi par la mort. *In quâcumque die comederis, morte morieris.* »

« Hélas ! nous n'avons pas changé de con-
dition, et notre grande et unique occupation
de la vie est justement de mourir. Vous
m'écoutez, je parle : deux occupations qui nous
illusionnent assez pour nous faire croire que
nous ne faisons pas autre chose ; en parlant ou
en écoutant, nous sommes en train de mourir. »

« Le vieux Sénèque trouvait déjà que nous
étions fous d'envisager la mort comme une
chose à venir : *In hoc fallimur, quod mortem
prospicimus.* Une bonne partie de la mort est
passée au contraire : vous avez dix, quinze,
vingt ans ; dix, quinze, vingt ans que la mort
serre entre ses doigts et qu'elle ne lâchera pas :

6

Magna pars ejus jam prœteriit, et quidquid ætatis retro est, mors est. Si nous ne faisons que mourir, qu'y a t-il donc de difficile à apprendre l'art de mourir ? »

« Regardez la courte et pleine vie de votre jeune Patron : elle fut un défi à la mort, un défi audacieux que la mort n'osa relever. Enfant au château de Castiglione, écolier à Florence, dans le petit palais des Médicis, dans cette rue des Anges, bien nommée pendant qu'il l'habita, page d'honneur de don Jacques à la cour de Philippe II d'Espagne, préféré de l'impératrice Marie d'Autriche, veuve de Maximilien II, jeune chevalier de Saint Jacques de Calatrava, dont il a porté la dague et le long manteau flottant, scolastique enfin de la Compagnie de Jésus, partout il fait des armes avec la mort. O mort ! c'est bien, tu m'as pris hier ; et après ? De quoi peux-tu te vanter si je t'offre librement demain ? Quels que soient les enchantements d'aujourd'hui, je sais que tu vas me le ravir. Qui m'empêche, au lieu de me regarder comme un vivant, de me regarder comme un mort ? de me mettre une bonne fois en tête que la vie est une agonie ? *Vides viventem, cogita morientem.* Et quand je me serai ainsi exercé à t'abandonner chaque jour, je pourrai sans épouvantement te jeter le dernier à la face. »

« Que s'il vous faut, mes enfants, des maîtres en l'art de mourir, avec saint Augustin demandez à toutes les créatures. En leur langue, elles prêchent chacune leur leçon, et il n'est pas une d'elles qui ne nous chante à sa façon la ballade de la mort. La feuille qui passe dans le vent d'automne, la fleur dont la tige fléchit, la brume qui se dissipe, le soleil qui plonge dans la nuit, ne cessent de répéter l'uniforme refrain. Le poète n'a pas traduit la réponse vraie de

   ... Tout ce qu'on entend et tout ce qui respire;
   Il fallait conclure que :
       Tout dit : Il faut mourir.

Si les créatures ne faisaient que nous répéter ce *Memento homo*, cela ne suffirait pas pour que nous passions maîtres en cet art de mourir; car un art s'apprend davantage par l'exercice que par la parole. Mais, dit saint Augustin, elles ne cessent de nous faire la main. Puisque mourir, c'est quitter ce qu'on aime, elles nous habituent à la séparation définitive, puisqu'elles nous quittent à mesure que nous nous en servons. Jeune homme, qui voyez devant vous une route de jeunesse, dont le bout se

perd en de lointaines brumes, regardez seulement la fleur que vous avez mise à votre
boutonnière : elle penche au bout d'une heure
une tête flétrie, et le vague parfum qui monte
encore des pétales épuisés est un langage qu'il
faut savoir comprendre. L'agonie de la fleur
prêche et prédit la vôtre. »

« Mais, bien que le grand Docteur nous ait
montré toutes les créatures comme nos maîtres
en l'art de mourir, ma mission est de vous en
montrer un autre, plus expérimenté que vous-
mêmes et que le monde, un jeune maître à qui
vous ressemblez, puisque à votre âge il était
écolier comme vous, écolier dans les sciences
de la terre et maître consommé dans la science
de la mort. Cette science, il l'avait apprise
dans notre religion, dont l'essence est une con-
tinuelle mort, et vous allez voir l'application
qu'il en fit. »

« Vous êtes des morts, s'écriait saint Paul,
votre vie est cachée avec le Christ en Dieu :
*Mortui estis, et vita vestra abscondita est cum
Christo in Deo.* Vous n'êtes pas seulement
morts, disait-il encore, vous êtes ensevelis avec
le Christ : *Consepulti estis cum Christo.*
Qu'est ce que la mort ? La séparation de l'âme
d'avec le corps, répond tout le genre humain.

Or prenez toutes les maximes de notre religion, faites-en l'analyse et faites-en la synthèse,
elles ne vont toutes qu'à nous apprendre une
chose : séparer notre âme d'avec le corps, à la
séparer d'avec les appétits du corps, ses sen-
sualités, ses plaisirs, à l'arracher de sa servi-
tude. Or une religion dont l'essence est de
nous apprendre à séparer l'âme d'avec le corps
est donc une religion dont la fin unique est de
nous apprendre à mourir. »

« Le païen Sénèque l'avait déjà dit : *Cernere
animam a corpore, quid est aliud quam emori
discere* : Détacher l'âme du corps, c'est l'apprentissage de mourir. Dégageons-nous, disait-il
encore, de cette attache honteuse, et ainsi
accoutumons-nous à la mort : *Disjungamus
nos a corporibus, et sic consuescamus mori.* »

« Mais ce que le philosophe a si bien dit,
notre religion nous apprend à le faire mieux
encore. Puisque l'âme et le corps sont en per-
pétuelle guerre, qu'ils ne signent jamais de
trêve et à plus forte raison jamais de paix, le
mieux est de ne pas former l'inutile projet de
les accorder, mais de séparer les combattants.
Notre religion nous apprend à ne pas attendre
cette séparation brutale et forcée, qui s'appelle
la mort, mais à les séparer nous-mêmes et

tout de suite ; elle apprend à l'âme à donner ces coups d'ailes vigoureux qui la montent assez haut pour qu'elle plane en des régions sereines et lumineuses, au-dessus du corps et de ses appétits sensuels, et à cette séparation volontaire, comme on donne le nom de bataille à un exercice à feu avec des armes chargées seulement à poudre blanche, elle a donné le nom d'une petite mort atténuée, amoindrie, moins rébarbative que la vraie. Cette petite mort, qui est l'exercice de la vraie, se nomme la mortification. La petite guerre est l'apprentissage de la guerre. La petite mort, la mortification, est l'apprentissage de la mort. »

« A neuf ans, le fils de Ferdinand de Gonzague savait à fond ces vérités salutaires. Puisqu'il faut mourir, se dit-il, qu'attendrai-je que la mort me dépouille violemment de ce corps appelé par l'Apôtre un corps de péché ? Ce qu'elle viendra m'arracher de force, qui m'empêche de le donner à Dieu par vertu ? Pourquoi ne pas tuer en détail ce que la mort éteindra tout d'un coup ? Le Maître a dit qu'elle nous surprendra comme un voleur ; mais n'a-t-il laissé aucun moyen d'éviter la surprise ? O mort, si je fais mourir mes sens les uns après es autres, que te restera-t-il à faire quand tu

viendras les glacer ? j'aurai fait tout le travail
à ta place. Et son coup d'essai fut un coup de
maître. »

« C'était à Florence. A genoux dans l'église
de l'Annonciation, au pied du tableau repré-
sentant ce mystère, Louis lisait pieusement
un livre de dévotion sur le Rosaire. Un instant son regard se détacha du livre pour s'arrêter sur l'image de la Reine des Anges. Un
désir lui traversa le cœur : vouer sa virginité
à Dieu sous la garde de Marie. Son désir
devint sur l'heure une exécution. »

« La pensée lui en était à peine venue que
déjà le vœu était énergiquement prononcé.
Quand la mort viendra treize ans après pour
immoler à jamais cette chair de 23 ans, la mort
étonnée et inutile perdra sa peine et son
temps : ce sera déjà fait. »

« Et alors, à partir de ce jour, ce que nous
appelons vivre fut un patient exercice de la
mort. Il immolait d'avance tout ce que la mort
voulait lui tuer, sa langue, ses yeux, son
cœur, sa vie, pour ne laisser rien à faire à
l'implacable destructrice. Cet enfant veut
donc se tuer, disait don Ferdinand, quand on
lui apportait les disciplines ensanglantées
trouvées sous le chevet de son fils. Il fait son
apprentissage de mourir. »

« Si je fais mourir ma langue, se disait-il,
non seulement au mensonge, au blasphème
et à l'impudicité, mais si je lui mets avant la
mort ces verrous et ces serrures, *seras et
metas*, dont parle l'Esprit-Saint, et si je ne
brise ces clôtures que sur l'ordre exprès de
Dieu ; si j'attache moi-même ma langue à
mon palais, la mort ne me surprendra pas
quand elle viendra la glacer. Il le fit, et il
trouvait en lui-même des freins assez solides
pour contenir cette langue indomptable, le
courage de ne rien répondre quand sa règle
le lui défendait, même quand l'interlocuteur
était un illustrissime cardinal, son parent. »

« Si je fais mourir mes yeux, non seulement à toutes les images du péché, mais si je
les clos impitoyablement aux choses du
dehors, pour ne regarder qu'en dedans de
moi-même, et du côté du ciel, la mort ne me
surprendra pas quand elle viendra de son
pouce glacé abattre ma paupière à jamais. Il
le fit et le fit si bien, qu'un jour de promenade
on put le conduire, par une route inconnue,
à une autre villa que celle où on le menait
chaque semaine, sans qu'il s'aperçût du chan-
gement. »

« Si je fais mourir mon cœur à tout ce qu'il

peut aimer en ce monde, aux châteaux, aux
fortunes, aux titres, aux honneurs qui me sont
dus, qu'aurait à faire la mort quand elle croi-
rait venir me dépouiller ? Il le fit et le fit si
bien que, lorsqu'en des soutenances de thèses,
où il excellait, son adversaire essayait de
rappeler en un mot l'illustre origine du jeune
théologien, Louis rougissait, comme s'il avait
honte, et il tâchait d'expier ses titres comme
s'ils eussent été des fautes. »

« Quand on a immolé par détail son in-
telligence, sa volonté, son cœur, son œil et sa
main, que reste-t-il à faire encore ? Se donner
en bloc, tout à la fois et tout entier. Louis de
Gonzague avait alors 15 ans. C'était au jour
de l'Assomption de Marie. Il avait communié
avec ferveur. Comme son âme ailée s'envo-
lait dans le sillage de sa mère de la terre au
ciel, une voix intérieure lui dit impérieuse-
ment : « Louis, quitte le monde, commence
ton assomption à toi : entre dans la Compagnie de Jésus. » L'adolescent le dit à son
père. Le marquis fut terrible. Il avait tant
compté, pour garder intact l'éclat de sa vieille
et illustre race, sur les brillantes qualités que
l'humilité de son fils aîné ne parvenait pas à
cacher Il passa neuf mois durant, de la colère

à la tendresse, s'irritant et suppliant tour à tour. Devant l'inaltérable fermeté de l'adolescent, il fallut céder : « Vous me faites au cœur, lui dit-il, une plaie qui saignera longtemps. Je vous aime, et vous le méritez. Votre tête portait toutes mes espérances. Dieu vous réclame ailleurs, allez-y. » Ce fut fait. Il détache de son flanc cette noble épée des Castiglione, qu'un illustre ancêtre, le duc Vincent, avait brandie contre les Turcs, se dépouilla de son pourpoint de chevalier et, le 24 novembre 1585, Louis de Gonzague, marquis de Castiglione, futur prince du Saint-Empire, balayait la cuisine du Collège romain, enveloppé de la robe noire tant désirée, dont il se faisait un linceul. Ce jour-là enfin, il put jeter à la mort le défi suprême : « O mort ! que pourras-tu me prendre ? J'ai tout donné. Ce dont je me dépouille, tu me l'aurais volé, et de tout cela au moins nous serons quittes. Béni soyez-vous, Seigneur, qui m'avez donné le courage ; si je ne vous abandonnais rien, je tiendrais au monde par toutes les chaînes de mon cœur ; en brisant tous les anneaux, les uns après les autres, la mort n'aura rien à prendre, quand elle fera sauter le dernier. » Le dernier ? Mais quand on les a tous brisés,

quel est donc le dernier ? Quand on a tout
donné, que peut-on donner encore ? Sa vie ? Il
la donne. La famine et la peste se promenaient
dans Rome en semant des cadavres. Louis
demanda et obtint la grâce de suivre les deux
ravageuses pour soigner et consoler les mori-
bonds qui tombaient ; mais la peste, en passant, le toucha de son aile. A vingt-trois ans,
il touche le terme rêvé. Il est mort. »

« A genoux, mes enfants, devant cette dépouille d'un ange, et voyez que ce qui nous
semble impossible lui fut facile : l'apprentissage de la mort. Si la mort est une séparation,
en quoi vient-elle de le surprendre et de quoi
le sépare-t-elle ? De quoi ? De ses trésors ? Le
2 novembre 1585, devant sa famille assemblée,
comme l'ordonnait l'empereur, il a fait une
solennelle renonciation de tous ses droits
héréditaires en faveur de son frère. Tous ses
trésors sont maintenant au ciel. Non, mort,
de ce côté tu n'as rien à prendre. De ses titres
et de ses honneurs ? Il les avait oubliés pour
ne se souvenir que d'un seul, celui que reçoivent au baptême les ducs et les mendiants.
C'est le seul qui compte là-haut. Non, mort,
cherche ailleurs encore, ce que tu voulais faire
est fait. De ceux qu'il aime ? de tous ceux

qui sont attachés au cœur par les liens du
sang ou par ceux aussi doux de l'amitié ? Il
y a longtemps que c'est fait. Quand, sur le
seuil de son noviciat, il dit adieu aux ecclé-
siastiques et gentilshommes de sa suite : « Que
dirons-nous de votre part à Mgr votre père ?
demanda-t-on au jeune novice. — Cette sen-
tence des saints Livres, répondit-il : *Obliviscere
populum iuum et domum patris tui.* — Et au
marquis Rodolphe, votre frère ? — Vous lui
direz : Celui qui craint Dieu fait le bien. » Il
les aimait bien pourtant. Ses lettres de la dernière heure sont si touchantes ! mais il ne fait
que partir en fourrier pour préparer leur place,
les attendre quelques jours rapides et les em-
brasser dans l'éternelle félicité. Non, mort,
cherche encore autre chose, car, voleuse, tu es
volée. De quoi ? du monde ? Mais il y a passé
en étranger jusque dans l'étincellement des
cours, évitant ses écueils, fermant les yeux à ses
scandales, s'en arrachant librement pour sauver
son innocence. Non, mort, tu ne lui prends
rien en l'arrachant au monde : il ne l'avait
jamais aimé. Non, mort, celui-ci peut te défier
comme le Christ. Où est ton aiguillon et ta
victoire ? Grande victorieuse, pour cette fois
tu es vaincue. Cependant, me direz-vous, la

mort le sépare de quelque chose, du vieux compagnon de route, qui a sa part de toutes les
joies et de toutes les tristesses, elle le sépare
du corps, puisque c'est cela la mort. Eh bien !
non, cette séparation, il l'avait déjà faite ; il le
traitait ce corps avec des rigueurs surhumaines,
que ses supérieurs étaient contraints de tempérer ; il le regardait pour ce qu'il était, le cachot
sordide qui retenait l'âme captive. Il disait
comme saint Paul : Je veux hâter l'heure de la
dissolution pour être avec mon Christ : *Cupio
dissolvi et esse cum Christo*. Et pour préparer
cette fin désirée, comme saint Paul encore, il
le châtiait et le faisait esclave: *Castigo corpus
meum et in servitudinem redigo;* et il le tua si
bien avant le dernier coup de la mort, qu'il ne
sentait plus sa présence. O mort trompeuse et
cette fois trompée, non, tu ne le sépareras pas
même de cela, de son corps ; tu ne le sépareras
de rien : il est séparé de tout. Oui, c'est vrai,
c'est un cadavre, l'âme est partie, les yeux
sont clos, la langue est glacée, les traits sont
tirés, tout l'être immobilisé. Eh bien ! l'œuvre
était faite ; il avait des yeux pour ne pas voir,
des oreilles pour ne pas entendre, et le seul
goût qui lui restait était celui du ciel. La mort
qui croit le terrasser l'effleure à peine : *Non
tanget illos tormentum mortis.* »

« O jeune héros, que tu as grandement fait
l'apprentissage de la mort! Tes paupières sont
rigides, le monde est résolu en fumée, ton
corps se prépare pour les vers, et la mort ne
te prend rien ; et plus grand que le monde, tu
restes libre jusque dans la mort. *Inter mortuos
liber.* »

« Mes enfants, que je vous laisse un de ses
derniers mots. Peu d'heures avant sa mort, le
Père Provincial entra dans sa cellule: « Eh
bien! Frère Louis, qu'en est-il de vous ? — Eh!
mon Père, nous partons, nous partons. — Pour
où, Frère Louis ? — En paradis ! répliqua le
Frère Louis. — En paradis? murmura tout
bas le Provincial; il parle d'aller en paradis,
comme nous parlons d'aller à Frascati. »

« Sur quelle route de la vie, mes enfants,
nous rencontrerons-nous? Quelle qu'elle soit,
mes enfants, et qui que ce soit qui vous demande comme le Père Provincial : Où allez-
vous ? tout sera bien si vous pouvez répondre,
comme votre jeune Patron : En paradis ! Vous,
mes enfants, comme lui vous porterez peut-être
une robe religieuse ? Que Dieu en soit béni !
Vous, une épée de soldat ? vous une toque de
magistrat ? vous, dans vos terres, les manche-

rons de la charrue domaniale? Que Dieu en soit béni toujours! N'oubliez pas que vivre, où que ce soit, c'est apprendre à mourir. N'oubliez pas que dans l'armée du Christ, comme dans celle de la patrie, l'uniforme change, mais la consigne jamais, et voilà la consigne : En paradis! »

« Porter une robe de princesse ou une robe de lavandière, un habit brodé d'or ou un tablier de concierge, indique seulement que nous ne sommes pas tous du même régiment, mais nous avons tous le même service : monter la garde! Où? A la porte du paradis! Pour attendre quoi? Qu'elle s'ouvre. Vous serez ce que le bon Dieu voudra ; mais n'oubliez pas le mot de passe de votre jeune général: En paradis! Vous êtes, nous sommes une garde montante. En paradis! »

Le discours achevé, la douce prière « *Salveto centies* », qui fut comme notre refrain, à tous les offices de ces saints jours, s'échappa de toutes les poitrines avec des accents nouveaux.

C'était l'heure de la bénédiction du Très-Saint-Sacrement. Son Eminence voulut bien la donner.

Les chants formèrent comme une superbe couronne d'harmonie à toutes les splendeurs de ce jour. Jésus nous bénit. N'était-ce pas un coin du ciel s'offrant à nous à la fin de ce beau jour, lorsque sortit mystérieux et doux, du fond de l'église ce refrain si aimé :

> O ciel ! beau ciel ! seconde vie,
> Banquet des saints, auquel Dieu nous convie,
> Quand sera-ce mon tour ?
> Au ciel est mon amour,
> Le ciel est ma patrie !

* *

Après un simple repas pris dans le réfectoire des Pères, et que partagent avec son Eminence quelques anciens élèves, que rien ne peut arracher aux émotions de ce jour, les cloches joyeuses préludent à la dernière cérémonie.

Tout est illuminé. Des cordons de feu courent sous les arceaux de nos grands cloîtres ; des lustres de lumière sont suspendus à toutes les avenues intérieures.

On va voir enfin, on va bénir la statue de saint Louis. Il sera bientôt déchiré ce voile inexorable, qui malgré les vœux de tous retient dans le mystère ce cher monument, souvenir du Centenaire.

Depuis huit jours on le voyait s'élever peu à peu au centre de la cour des classes. Une statue le couronnait. La veille du Triduum, à la chapelle, une prière à saint Louis avait été lue au pied des autels. Tous l'avaient signée. Cette prière et ces 400 noms de pères et d'enfants, soigneusement scellés dans le plomb, reposent sous le massif piédestal de la statue. Puissent tous ceux qui portent ces noms, se retrouver au ciel, autour du trône de leur Saint bien aimé ! Que ce soit du moins dès cette vie, comme un engagement de marcher toujours à sa suite. Ainsi l'immortel Bellarmin, on nous le disait hier, demanda que ses restes fussent déposés aux pieds de son fils spirituel, en signe de sa profonde vénération.

La procession se met en marche. Les reliques de saint Louis et son image sont portées par des groupes d'enfants de chœur, au milieu des rangs de la 3ᵉ et de la 2ᵉ division. Les grands entourent sa bannière. Trois anciens élèves, MM. Jacquier, de Borde et Mignot, réclament l'honneur de porter la bannière du collège.

Des chants à Saint Louis alternent entre divers groupes d'enfants : on entend surtout ce gracieux refrain qui traduit le « *Beati immaculati in via* » :

> Heureuse l'âme pure
> Qui conserve son cœur
> Sans tache et sans souillure
> Aux yeux du Créateur.

Toute la vie de notre cher Saint est retracée dans cette poésie simple et pieuse, que son auteur, le P. de Clorivière, nous fait aimer plus encore.

La musique des enfants des Frères vient par intervalles, donner quelque repos aux voix et jeter sa note brillante à travers cette belle fête du soir.

Arrivée en vue du monument, la procession envahit la cour des classes. Elle se range en couronne devant la statue, le Cardinal se tenant en face sous les cloîtres. Là, tous ensemble, et soutenus par la musique des Frères, nous chantons quelques strophes d'un gracieux cantique, où revient sans cesse la prière :

> O Saint Louis !
> Garde mon cœur : je ne veux pas périr !

Bientôt, au milieu des feux de Bengale, le voile de la statue se déchire, saint Louis apparaît enfin, on l'acclame avec élan.

ALOYSI·

Son Eminence s'avance, et sa voix s'élève
pour bénir l'image sainte.

Avec un cœur nouveau, on redit et redit
encore :

O Saint Louis !
Garde mon cœur : je ne veux pas périr !

Alors, de tous côtés, tantôt en immense
auréole, tantôt en pluie de fleurs, brillent autour de Louis de longues traînées de flammes,
les soleils, les jets de feu de toutes nuances.
Puis, aux applaudissements de tous, étincelle
sur le haut du portique du gymnase, en
grandes lettres ardentes :

1591. — A. G. — 1891.

Le *Magnificat* s'échappe de toutes les poitrines, et on rentre recueilli dans l'église. Là,
nous nous consacrons à saint Louis, nous
promettant de donner son Octave à la reconnaissance. Nous vénérons ses reliques et, le
cœur rempli d'émotions bien douces, tout
rentre dans le silence et le repos. Il était
10 heures 1/2.

N'allez pas croire que dans ce Centenaire, il
n'y ait eu que de l'éclat. La piété l'avait lon-
guement préparé. Dès le milieu de janvier,

nous commencions l'année par six dimanches de communions en l'honneur de saint Louis.

De solides instructions nous amenèrent peu à peu à l'aimer davantage.

Il fut résolu que chaque jour de l'année, le *Memorare* du soir serait remplacé par l'invocation de saint Louis à Marie : « *O Domina mea.* » Après le Chapelet, venait aussi la belle prière : « *O bienheureux Louis, orné d'une angélique pureté*, etc. »

Le mois de juin venu, des efforts nouveaux de piété furent provoqués. C'est à saint Louis que nous adressâmes la neuvaine avant la première communion. Pendant celle qui précéda le Triduum, bon nombre d'élèves, les grands surtout, commencèrent toute une série de communions quotidiennes, qui devinrent générales pendant le Triduum.

En même temps, la Maison entière s'unissait dans un grand mouvement de prières, où chacun apporta le tribut ou des messes ou des communions offertes. Chaque jour, une classe entière prenait part d'office à cette croisade pieuse et communiait autour de ses maîtres.

Ainsi préparée par la prière et le travail, cette journée du 21 fut aussi recueillie que brillante. Il est difficile que son souvenir périsse. Pour-

quoi le temps et l'espace ne nous ont-ils pas
permis de cueillir çà et là, dans nos causeries
familières, dans les devoirs offerts à nos
maîtres, ces impressions si pleines de sincérité
et toujours si émues. Ce vous serait une bien
douce joie de les entendre à votre tour, de les
lire, et de toucher du doigt l'action toute puis-
sante de la piété sur de jeunes cœurs.

.
. .

Le lendemain du Centenaire, tous venaient
tour à tour, pieux pélerins, saluer, dans la
cour des classes, la nouvelle image de saint
Louis.

Comme elle est belle, disions-nous en la
quittant !

Pour décrire le monument qui se dresse
comme le durable souvenir de nos fêtes, nous
sommes heureux d'emprunter la plume d'un
juge compétent, de l'éminent architecte qui a
bien voulu en diriger l'érection :

« C'est au milieu de la cour intérieure située
à l'orient de la chapelle, que s'élève la nouvelle statue de saint Louis de Gonsague.
Elle est de grandeur naturelle, dépassant un
peu la moyenne de la taille humaine. Prise
dans un bloc de pierre de Tournus, elle est sup-

portée par un piédestal mouluré, en roche de
Bourgogne, qui repose lui-même sur trois
grandes marches en calcaire dur, formant sou-
bassement. Tout cet ensemble a plus de cinq
mètres de hauteur ; cette dimension n'a rien
d'exagéré dans cette vaste cour, renfermant
de nombreux appareils de gymnastique, et
entourée de tous côtés par d'imposantes
galeries. »

« Sur la face antérieure du piédestal, une
inscription latine, composée par le R. P.
Angelini, savant épigraphiste, est gravée en
lettres antiques ; elle est surmontée d'une
croix grecque encadrée par une couronne de
lauriers. »

« La statue est l'œuvre de Dufraine, professeur de sculpture à l'Ecole nationale des
beaux-arts de Lyon, officier d'académie,
artiste distingué, et recommandé par un
grand nombre de productions sérieuses et
consciencieusement étudiées. »

« Le jeune Saint est représenté debout,
drapé simplement dans un grand manteau
de Jésuite ; la tête inclinée légèrement, il
contemple, profondément recueilli, un grand
crucifix que soutiennent ses mains pleines
de respect et d'amour ; c'est sur cette image

sacrée que se concentrent toutes les facultés
de son être et toutes les puissances de son
âme. A ses pieds, la couronne de marquis.
Cette description succincte ne donnera pas à
ceux qui la liront, l'impression que produit
cette belle statue à tous ceux qui la regardent. Une œuvre d'art est difficile à
décrire, tout comme un poème ou comme
un grand spectacle de la nature. »

« Il suffit donc de dire que saint Louis de
Gonzague de Mongré est un morceau de
choix et d'une haute inspiration. Il demande
à être vu et revu plusieurs fois; plus on le
considère, plus on y découvre des qualités,
et plus on en est ému. Nulle affectation,
nulle sensiblerie. Le statuaire n'a pas sacrifié
aux goûts de l'époque, mais il a su faire
naître l'idée d'une pureté angélique, unie à
une énergie virile, inébranlable, puisées
toutes deux dans la méditation constante de
Jésus crucifié. »

« Puisse cette noble représentation du
Patron de la jeunesse être pour tous les élèves
de cette chère maison de Mongré, un exemple,
une prédication muette et une excitation constante à monter toujours plus haut dans l'oubli
de soi-même et dans la pratique du bien. »

Ajoutons une dernière réflexion. Ce n'est pas sans motifs qu'on a choisi la cour des classes pour y dresser cette statue, qui frappe tout d'abord par les grandes dimensions du crucifix qu'elle supporte.

Ce crucifix dans la cour des classes, présenté aux enfants par leur Patron bien aimé, n'est-ce pas vraiment le crucifix des écoles remis en lieu d'honneur? n'est-ce pas saint Louis venant dire à tous le secret du travail et de l'éducation chrétienne ?

A l'époque de saint Louis, il fallait pour faire triompher la vérité, beaucoup d'hommes éminents à la fois par leur vertu et par leur science. Voilà pourquoi ange de vertu, Louis de Gonzague voulût être et fût jusqu'à la fin travailleur acharné. Sa vigueur apostolique pour l'étude, il la ranimait perpétuellement dans la contemplation de ce Crucifié qui lui demandait des âmes.

Aussi, Louis, au seuil des classes, son crucifix à la main prêche à notre jeunesse cette grande croisade du travail chrétien qu'on réclame d'elle avec des supplications si ardentes et des appels si passionnés, partout où l'on a le souci de l'avenir de la France et du règne de

Jésus-Christ. Ne quittons pas cette aimable et
éloquente statue sans lire l'invocation écrite
sur son piédestal (1).

ALOYSI.
FLOS . INTAMINATE . PUDORIS.
COLLEGIUM . MONGRENSE.
TIBI . SE . DEVOVET.
XI . KAL . QUINTILES.
AN . TRECENTESIMO.
A . TUO . BEATO . DIGRESSU . A . TERRIS.
TU . NOBIS . ADSIS . TUTELA .
ET . PRŒSIDIUM.
UT . TE . AUSPICE . ET . PATRONO. .
MORUM . CANDOR . ET . INTEGRITAS.
ARTIUM . OPTIMARUM . STUDIA .
HOS . INTER . PARIETES .
NOVIS . AUCTIBUS . EFFLORESCANT .

(Ant. ANGELINIUS)
e. s. J.

(1) Voici le sens de cette inscription : « Louis, fleur imma-
culée de pureté, à vous se donne le Collège de Mongré, en ce
jour du 21 Juin, trois siècles après votre bienheureux
depart pour le ciel. Soyez notre défense, soyez notre soutien,
pour que sous vos auspices et sous votre patronage l'éclat d'une
parfaite innocence et l'ardeur pour l'étude, s'épanouissent,
dans cette enceinte, en progrès toujours nouveaux. »

Louis de Gonzague resta le saint aimé, vénéré, prié entre tous. A Louis on demandait des prix, des succès, des lumières sur son avenir. A Louis on rendait hommage de tout ce qui arrivait d'heureux.

. .

Pour plusieurs même, ces fêtes devaient avoir un magnifique lendemain. Le Pape avait convoqué la Jeunesse catholique au tombeau de saint Louis de Gonzague. Ici, comme partout, aller à Rome fut le rêve de tous. Mais comment le réaliser ? Du moins, tous voulurent ajouter à cette démonstration par leur offrande et inscrire leur nom au Livre d'or qui serait présenté au Saint-Père et déposé sur le tombeau de saint Louis.

Plusieurs, entre les aînés surtout, eurent le bonheur de représenter Mongré dans cette grande manifestation de la Jeunesse catholique. Tous les suivirent à Rome avec leur cœur. Agenouillés auprès des restes vénérés de leur saint Patron, les pèlerins, ils nous l'avaient promis, unirent dans leurs prières, aux noms de l'Eglise et de la France, aux noms de leurs

parents et amis, celui de la douce famille de
Mongré.

A l'audience du 28 septembre, perdus dans
la multitude des pèlerins de toute nation, ils
virent le Pape, ils lui baisèrent les mains ; le
Pape leur parla familièrement et les bénit. Ils
étaient groupés autour de la bannière de la
division des grands, qu'ils avaient emportée
avec eux. Cette bannière, en tout semblable
à celle de Patay, il aurait fallu voir avec quelle
fierté nos Mongréens la présentèrent au Pape,
quand le Pape passa dans les rangs des pèlerins au milieu des acclamations enthousiastes ;
avec quel respect ils l'inclinèrent quand le
Pape leva la main pour bénir !

« Mon Père, écrivait le lendemain l'un d'eux,
je ne pourrai pas, comme je le désirerais
ardemment, vous écrire une longue lettre, parce
que, vous devez bien le penser, nous sommes
absolument sans forces ; cependant, je tiens à
vous donner des nouvelles du petit groupe qui
représente Mongré. Nous sommes en excel-
lente santé, un peu fatigués sans doute, mais
d'une fatigue qui s'oublie vite en face des spec-
tacles magnifiques qui se déroulent cons-
tamment sous nos yeux. Mongré a été présenté
au Pape par Mgr Déchelette, qui en a fait le

plus grand éloge. Demain, je demanderai une bénédiction pour Mongré. La bannière des grands a été bénie par le Pape, il l'a touchée, il en a lu l'inscription. Mgr Langénieux, Mgr Déchelette, M. de Mun, M. de Roquefeuil, l'ont beaucoup admirée. « Cette bannière, disait le comte de Mun au Saint Père, elle est la parfaite image de celle de Patay », et le Saint Père la prenant dans ses mains, lût son inscription ; et il se plaisait à redire : Ah ! Mongré ! Mongré ! Et chaque enfant qui baisait son auguste main, entendait encore sortir de ses lèvres le doux nom de Mongré. Agréez les respects de vos enfants devenus *romains.* »

Le lendemain, en la fête de saint Michel, nos pèlerins assistaient aux grandioses solennités de Saint-Pierre. Depuis les jours du Concile, jamais ne fut déployée tant de splendeur, jamais on ne vit pareille foule avec pareil enthousiasme. Le Pape, dans toute la majesté de sa souveraineté pontificale, passa et repassa devant les pèlerins émus ; lui aussi pleurait de bonheur, il se sentait enveloppé de tant d'amour !

Quel spectacle ! quels souvenirs ! Mais avec ces souvenirs impérissables, nos pèlerins ont apporté de Rome et du tombeau de saint

Louis de Gonzague un amour plus profond et plus dévoué pour l'Eglise et son chef, et la résolution de répandre autour d'eux cet amour et ce dévouement, et par là, contribuer dans la mesure de leur pouvoir au relèvement religieux de notre douce France.

FIN